추천의글

만일 추천사를 쓰는 이의 자격이나 합법성 가운데 자신이 추천하고자 하는 내용에 대한 정련된 이해와 통찰력이 포함된다면, 나는 추천의 글을 쓰지 말아야 한다. 그 정도로 나는 이 책을 읽으면서 깨우치거나 다시 생각하게 만드는 점을 많이 발견했기 때문이다. 따라서 추천자≥저자라는 공식을 몰래 부인하고서야 마음 편히 펜을 잡았다.

내가 책의 내용을 접하면서 일종의 강렬한 감화를 받은 것은 무엇보다도 인간 양혜원의 처절한 자기 발견 욕구와 자리매김에의 투지이다. 그것이 특히 가부장적 위압의 환경을 겪으면서 전개되었기 때문에 더욱 귀하게 느껴진다. 자전적 내러티브의 매개와 형식을 빌린 인생 여정의 소개는 계몽적이고 흥미로우며 생동감을 부여하고 있다. 나에게 이런 글쓰기의 방도와 내용은 낯설기도 하고 부럽기도 하다. 내가 몸담고 고민해 온 분석 철학의 방법론이나 조직신학의 내용은 될 수 있으면 자기 노출을 줄이고 '객관적' 서술에만 목을 거는 분야이기 때문이었을 것이다. (그런데 이토록 '내' 이야기를 많이 하는 것을 보니 나도 모르게 물이 든 모양이다.)

내가 이 책의 주된 주장점—(내가 이해하기로) 한국인 그리스도인 여성으로서의 정체성을 전형적 서구식 페미니즘에서 찾을 필요가 없다는 것—에 고개를 끄덕이고, 이론적으로나 심정적으로 찬표를 던지는 데는 최소한 두 가지 이유가 있다. 첫째, 무엇보다도 이런 선택이 한국인 여성으로서 겪어 온 저자의 경험과 잘 부합하고, 이론적으로도 설득력이 있기 때문이다. 이것은 그가 태어나고 자란 민족적·종교적 환경이 지지해 주고, 그가 공부한 여성학과 종교학의 이론이 뒷받침해 주는 바이다.

둘째, 의도적으로 그렇게 꾸민 것은 아니겠지만, 저자의 대안적 결단은 복음주의적 신학의 취지와도 뜻을 같이한다. 비록 인간을 압제—그것이 성적이든 인종적이든 종교적이든—로부터 풀어 주는 것이 매우 중요한 의제이기는 하지만, 그렇다고 하여 해방을 기독교의 본질로 표방할 수는 없다고 생각한다. 나는 이 점 또한 매우 귀하게 여긴다.

물론 모든 이가 이 책을 읽으며 호감을 갖고 동의하는 것은 아닐지도 모른다. 사람이란 누구나 각자의 생각이 있고, 자기 나름대로 고민과 의문이 있으며, 신앙인이라고 해도 현재 처한 상황과 수준이 서로 다를 것이기 때문이다. 그럼에도 누구든 양혜원의 목소리를 못 들은 척할 수는 없으리라고 생각한다. 혹시 긴가민가하게 여겨진다면, 전에 나온 책자나 자료—《교회 언니, 여성을 말하다》(비아토르), "'패스메이커' 세대, 여성을 말하다", 《페미니즘 시대의 그리스도인》(IVP)—를 참조하는 것도 좋은 보완책이 되지 않을까 하여 소개해 본다.

바라기는 이 책자가 한국 여성에 대한 우리 모두의 이해를 더 신장시키고, 비슷한 고뇌의 걸음을 걷는 여성들에게 하나의 지침과 모범으로 자리 잡았으면 한다.

_송인규, 한국교회탐구센터 소장

교회 언니의 페미니즘 수업

교회 언니의 페미니즘 수업

기독교와 페미니즘의
길이 다른 이유 ———

——— 양혜원 지음

차례

프롤로그 더 나은 이야기를 만들기 위해서 008

1부 ──────── 은둔: 자기만의 공간으로 들어가기
1. 떠남: 내가 아는 세상을 등지다 016
2. 자기만의 공간과 은자의 길 029
3. 은자와 공동체 042

2부 ──────── 새롭게 알아 가는 종교의 세계
1. 더 나은 것을 택한 여성들 060
2. 근대의 기회, 근대의 박탈 074
3. 페미니즘은 어떻게 종교가 되는가 091
4. '일치의 삶'이 종교와 페미니즘에 시사하는 것 105

3부 ─────── 종교, 문화, 젠더
1. 서구의 과학, 동양의 문화, 인간의 번영 **120**
2. 국가와 종교, 한국과 기독교 **135**
3. 유교, 기독교, 여성 **149**

4부 ─────── 자기 자리를 찾다
1. 한국 여성을 자리매김하는 방법 1 **166**
2. 한국 여성을 자리매김하는 방법 2 **181**
3. 자기 서사를 구성하는 방법 1: 서사, 정체성, 공동체 **195**
4. 자기 서사를 구성하는 방법 2: 통제될 수 없는 서사 **208**

에필로그 세상을 이해하는 즐거움 **223**

프롤로그

더 나은 이야기를 만들기 위해서

《교회 언니, 여성을 말하다》의 에필로그를 "오늘도 열심히 새로운 계획을 위해 준비하고 있다"라는 말로 마쳤다. 그 준비가 유학 준비였다는 것은 아주 가까운 지인들만 아는 사실이었다. 그로부터 약 6년 후 이렇게 후속작을 내게 되었다. 유학을 떠나기 전에 후속작 계약을 미리 하고 가기는 했지만, 정말로 후속작을 쓸 수 있을지 확신할 수는 없었다. 실제로 이 기획을 포기하고 다른 글을 쓰려고도 했다. 그렇게 하지 않게 설득해 주신 비아토르 대표님께 감사를 드린다.

첫 책도 그랬지만, 이 책도 시작은 〈복음과 상황〉이라는 기독교 잡지의 연재에서 발단이 되었다. 그러나 첫 책이 연재 글을 수정 보완하는 차원이었다면, 이 책은 아예 처음부터 다시 썼다. 내가 공부한 것을 정리한다는 기본 개념은 같지만, 내용도 더 상세하게 풀고 구성도 바꾸었다. 1부에서는 떠남과 새 환경에서의 정착을 주제로 다루면서 그 안에서 내가 찾은 종교적 유비에 대해서 이야기했다. 2부에서는 종교에 대해서 다루었고, 3부에서는 종교와 문화에 대해서 다루었다. 마지막으로 4부에서는 2, 3부에서 다룬 큰 프레임 안에서 어떻게 자기 서사를 풀어 갈 수 있는지에 대해서 이야기했다. 이 책이 학술적인 글이었다면 조금 더 치밀하고 상세하게 논의를 풀어 가야 했을 부분이 많지만 과감하게 생략했고 직접 인용이 아닌 한 주도 달지 않았다. 물론 앞으로 차차 그러한 글들도 쓰게 될 것이다. 하지만 일단은 이 주제에 관심이 있는 사람이라면 누구나 쉽게 읽을 수 있는 내용과 부피의 책을 내고 싶었다.

책의 구성을 내가 공부한 과정과 내용을 풀어 가는 형식으로 잡은 이유는 나처럼 인생 후반기에 공부를 다시 시작할까 고민하는 여성들, 혹은 대학원에 진학해 연구의 삶을 이어 갈지 어떨지 고민하는 여성들에게 도움이 되기를 바라는 마음에서이다. 지금까지 내가 걸어온 길은 내가 알아서 고민하면서 찾아간 길이고 지도도, 멘토도 없었다. 그래서 혼자 찾아다니면서 알아내었던 것들을 필요한 사람들에게 나누어 주고 싶다. 미국에서 박사를 마치려면 여러 과정을 거쳐야 하는데, 그것을 따로 안내해 주는 사람도 챙겨 주는 사람도 없고 입학 오리엔테이션 때 받은 안내 책자 하나로 혼자 알아서 해야 했다. 그렇게 혼자 알아서 필수 이수 과정을 챙기고, 박사 시험을 준비하고, 박사 논문 위원회를 구성하고 하면서, 누구든지 필요하면 책에도 안 나오는 이 과정에 대해서 다 이야기해 주리라 생각했는데, 마침 코스워크 마지막 학기에 만난 이집트인 친구에게 필요한 도움을 줄 수 있어서 보람이 있었다.

사실 이러한 행정적인 절차—물론 그 안에 행정 이외의 것이 많이 개입하기는 하지만—는 가이드라인이 없는 게 아니니 필요하면 물어 가면서 주어진 대로 따라가면 되지만, 아마도 사람들이 정말로 궁금해 하는 것은 공부의 의미 혹은 공부를 통해서 얻을 수 있는 것이 무엇인가 하는 것일 게다. 그런 것들을 고민하는 사람들, 특히 여성들에게, 공부에 접근하는 하나의 방법을 제시해 주고픈 마음에서 나의 공부 방법과 과정을 여기에 풀어 놓았다. 주어진 지도 없이 갔던 길인 만큼 하나하나가 새로웠고, 학계에서 계속 자란 사람과는 달리 외부인이자 초심자의 시선으로 따라갔기 때문에 던질 수 있었던 질문과 의문들이 여기에는 담겨 있다. 그래서 나처럼 무엇을 예상해야 할지 모르는 채 이 길을 고민하는 사람들에게 어느 정도 안내가 될 수 있지 않을까 생각한다.

책을 읽어 보면 알겠지만, 나의 주요 방법론은 자기 서사 구성이다. 내가 연구하는 내용도 여성들이 자기 서사를 구성하는 방법이다. 여기에서 자기 서사란, 자기 중심의 이야기를 풀어놓는 게 아니라, 미국의 회고록 작가 패트리샤 햄플Patricia Hampl이 말하는 것처럼, "자기를 근원이자 주체로 기능하게 하는 게 아닌, 이 세상을 설명하는 하나의 도구로서 활용하는" 서사이다(*I Could Tell You Stories: Sojourns in the Land of Memory*). 즉 자기 서사는 나를 중심에 놓는 혹은 나를 부각하는 서사가 아니라, 세상을 이해하는 하나의 방법으로서 활용하는 서사이다. 여기에서 중요한 것은 내 관점 자체가 아니라 내 관점에서 보이는 세상이다. 그렇게 나에게 경험되는 세상을 이야기로 풀어 가면서 비로소 세상이 이해가 되기도 하고, 세상이 탄생하기도 한다. 인식의 전환이 일어나는 것이다.

이것이 여성에게 특별히 중요한 이유는 여성이 활용할 수 있는 서사가 많이 제한되어 있기 때문이다. 그래서 여성의 자서전이나 회고록을 연구하는 학자들, 혹은 여성 인물의 평전을 쓰거나 연구하는 학자들은, 어떻게 여성의 이야기를 풀어 가야 그들의 인간성을 제대로 표출하고 재현할 수 있을지 고민한다. 우리가 경험하는 세상이 남성보다 결코 작지 않음에도 우리는 그것을 다 표현할 적절한 서사와 언어를 찾지 못할 때가 많다. '단지' 여성으로 축소되지도, 남성의 서사를 어설프게 따라가지도 않는 우리 이야기를 찾기 위해서는 일단 이렇게 저렇게 많이 써 보는 수밖에 없다. 기록되지 않은 것은 역사가 되지 못한다. 그래서 내가 살았던 역사가 사라지지 않기 위해서라도 여성들은 기록해야 한다. 한국 사회는 안타깝게도 이 기록이라는 부분에서 취약하다. 그렇기 때문에 이렇게 내가 살았던 시대를 기록하지 않으면 기독교라는 종교 안에서 나와 함께 고민을 공유했던 여성들의 이야기가 사라지지 않을까 하는 안타까움이 있다. 이 기록은 후대를 위해서도 중요하다. 다양한 이야기가 있어야 인생도 더 풍요롭기 때문이다. 좋은 이야기를 만났을 때, 우리는 그 이야기가 끝나는 것을 안타까워하며 아껴 읽는다. 지금 내가 읽는 책이 그렇다. 그런 좋은 이야기가 많다면, 인생의 의미를 끌어올 자원도, 인생의 재미도 그만큼 많아진다. 그래서 기록했으면 좋겠다. 더 나은 이야기를 만들기 위해서 이 방법 저 방법 실험해 가며 기록했으면 좋겠다.

유학을 떠나기 전 내게 언니 혼자를 위해서 하는 공부가 아니라며 용돈을 챙겨 준 후배가 있었다. 이 공부가 앞으로 나에게든 다른 사람에게든 어떻게 도움이 될지 모르는 상태로 시작했지만, 아마도 그때 이미 방향은 정해져 있었는지도 모른다. 한 번씩 한국에 올 때마다 아직 채 영글지 않은 생각을 들어 주신 분들, 공부하는 학생이라고 밥을 사 주신 분들, 뒤늦게 공부하는 딸을 지지해 주신 부모님과 가족들, 홀로 아들을 양육해 준 남편, 내게 비빌 언덕이 되어 준 이 모든 분께 참으로 감사하다. 이 책이 그분들의 지지에 조금이라도 보답하는 길이 되기를 바란다.

마지막으로 이 책의 표지 그림은 엄마가 공부를 마칠 때까지 꿋꿋하게 잘 지내면서 기다려 준 아들이 그렸다. 이 책이 나 혼자만의 작업이 아니었다는 것을 이렇게라도 표현하고 싶어서 아직은 학생의 그림 솜씨이지만 그의 그림을 실었다.

1부

은둔:
자기만의 공간으로 들어가기

1
—

**떠남:
내가 아는 세상을 등지다**

마음먹기가 힘들었지 유학 준비는 순탄하다면 순탄했다. 준비를 시작해서 합격 통지를 받기까지 6개월이 채 걸리지 않았다. 영어를 자유자재로 쓸 수 있다는 점이 아마도 가장 큰 혜택이었을 것이다. 토플은 비교적 쉽게 높은 점수를 얻을 수 있었고, 대학원 입학에 필요한 지알이GRE, Graduate Record Examination는 생각보다 점수가 낮게 나왔지만, 다행히 내가 지원한 대학원의 당시 학장은 해외 유학생들의 경우 GRE 점수를 그다지 중요하게 보지 않는다고 했다. 미국에서 교육받은 사람들 중심의 시험인 데다가 표준 시험이라는 것 자체가 인문학을 연구하는 사람들에게는 그다지 맞지 않는다고 생각했던 것 같다. 나로서는 감사한 일이었다.

하버드처럼 명망 있고 큰 대학은 아무래도 일차 선발 과정에서 시험 점수가 중요하게 작용하겠지만, 나는 일부러 작은 사립대학을 택했다. 똑똑한 친구들이 많은 서울대학교를 다니면서 적잖이 기가 죽는 경험을 했던 터라, 괜한 자의식을 부추기는 큰 명문 대학보다는 조금 더 인격적 관계가 가능한 작은 대학을 경험해 보고 싶었다.

내가 지원한 종교여성학Women's Studies in Religion이라는 프로그램은 하버드, 그리고 내가 다닌 클레어몬트 두 군데에 있다고 들었다. 만약 하버드를 지원했다면 (그래서 받아들여졌다면) 종교여성학의 선구자 중 한 사람인 엘리자베스 슈슬러 피오렌자Elisabeth Schüssler Fiorenza의 강의를 들을 수 있었겠지만, 클레어몬트를 택했기 때문에 그와 양대 산맥을 이루는 로즈마리 래드포드 류터Rosemary Radford Ruether의 강의를 들을 수 있었다. 나의 지도교수였던 캐런 조 토저슨Karen Jo Torjesen과 더불어 종교여성학에서는 쟁쟁한 이름들이었다. 어떻게 해서 여기까지 오게 되었을까? 아니, 왜 이제야 이 발걸음을 떼게 되었을까?

유학을 떠나기 전, 영국인 작가 알렉산더 매콜 스미스Alexander McCall Smith가 쓴 《넘버원 여탐정 에이전시*The No. 1 Ladies' Detective Agency*》(북앳북스)라는 소설을 읽은 적이 있다.

누군가의 추천으로 읽게 되었던 것 같은데, 보츠와나에 탐정 사무소를 차린 여성을 주인공으로 하는 소설이었다. 정말로 매력적인 인물이었고, 이 여성의 재치와 기지에 감탄했다. 그는 자신의 감각과 실력을 의심하지 않았지만, 사람들, 특히 남자의 생리를 잘 알았고 그래서 무리하게 밀어붙이지 않으면서 지혜롭게 협상할 줄 알았다. 여성학을 공부하는 동안에도 나는 사실 이런 여성이 제일 존경스러웠고, 어떻게 그러한 내적 힘을 가질 수 있는지 궁금했다. 다르게 말하자면, 자신이 여성으로서 불리할 수밖에 없는 사회적 현실을 인지하면서도 그것을 페미니즘 운동으로 끌고 가지 않고 더 깊은 내적 힘으로 승화시켜서 세상과 화해하는 능력이 있는 여성이라고나 할까. (물론 남성 저자의 책인 만큼 이러한 여성의 재현에 남성의 욕망이 다분히 투사되었다는 분석도 얼마든지 가능하지만, 그렇다고 존재하지 않는 여성을 만들어 낸 것이라고 보기는 힘들다.)

나는 여성학에 빚진 게 많다. 지금 내가 이렇게 목소리를 낼 수 있게 된 것도 여성학에서 배운 바에 많이 기인한다. 교회 생활을 오래 한 사람은, 교회에서 할 수 있는 이야기와 할 수 없는 이야기가 있다는 것을 안다. 여성학은 내게 교회에서 할 수 없는 이야기를 할 수 있는 출구가 되어 주었고, 그만큼 숨통을 틔워 주었다. 그러나 여성학을 하면서 또 경험한 것은 여성학에서도 할 수 있는 이야기와 할 수 없는 이야기가 있다는 것이다. 내가 속으로 존경하는 이 여성들은 여성학에서는 하기 힘든 이야기였다. 우리는 여성을 부당하게 대하고 폭력을 행사하는 사회에 계속 분노해야 했기 때문이다. 그런 세상과의 화해는 타협일 뿐이었다.

그 세상은 여성에게 무보수 가사 노동을 부과하고, 남성과 동일한 혹은 그들을 능가하는 능력이 있어도 여전히 여성에게는 가정의 임무가 최우선이라고 못 박아 놓는 세상이었다. 그리고 그러한 규범에 순응하지 않는 여성은 독한 년이라는 폄하에서부터 성폭력에 이르기까지 다양한 방법으로 길들이는 세상이었다. 그렇게 열악한 환경이니, 서울대학교를 나오고 영어 실력도 짱짱한 내가 남자라면 이렇게 살았을까, 하는 생각으로 한탄과 분노가 올라올 수밖에 없다.

몇 년 전, 아들을 데리고 부모님이 체류하시던 영국을 방문하고 돌아오는 길이었다. 비행기 안에서 뒤에 앉은 남성이 내가 의자를 뒤로 젖혔다고 발길질을 하며 뒷사람을 배려하지 않는다고, "애 키우는 아줌마가 그러시면 안 되죠"라고 했을 때, 너무 황당하고 분해서 말도 안 나오고, 계속

발로 차 대니 위협을 느껴 승무원에게 말을 할 수밖에 없었을 때, 내가 남자라면 이 사람이 나한테 이랬을까 하는 생각에 더 화가 났다. 그나마 나는 영어를 할 수 있어서 한국인 승무원이 없는 외국 국적 비행기의 승무원에게 항의라도 할 수 있었지만, 그렇지 않은 여성이라면 어땠을까. 내가 영어로 항의를 했고 그로 인해 승무원의 주의를 받은 그는, 내가 그냥 평범한 아줌마는 아니구나 싶었던지 약간 수그러들었다. 그러나 비행기에서 내려서 짐을 찾으려고 기다리는 동안 그가 혹시 무슨 해코지라도 할까 하는 생각에 다시 가슴이 벌렁대는 것을 느끼면서 심경이 매우 복잡해졌다. 이러한 상황에서 이 무슨 엿 같은 세상인가 하면서 분노하게 도와주는 것이 여성학이다. 그러니까 이건 나 개인의 소심함이 문제가 아니라 여성에 대한 혐오와 비하가 팽배한 사회 구조의 문제라고 여성학은 지적해 주는 것이다.

맞는 말이다. 그건 구조의 문제이다. 하지만 그러한 상황에서 모든 여성이 나처럼 반응하지는 않을 것이다. 내가 차라리 제3의 젠더라고 할 수 있는 아줌마 정체성이 확고했다면 이런 버르장머리 없는 녀석에게 한소리 할 수 있지 않았을까. 이럴 때 그 탐정 소설의 주인공이라면 어떻게 반응했을까. 인생이란 참으로 신비해서 그로부터 몇 년 후 그

소설의 배경이 되는 보츠와나를 직접 방문할 기회가 있었다. 그곳 여성들의 종교 경험을 인터뷰하기 위해서 지도 교수와 여러 동료와 함께 간 여행이었는데, 그 여성들의 녹록지 않은 삶에 신앙은 적잖은 힘이 되어 주고 있었다. 그래서 여성학은 종교가 진정한 변화의 적이 된다고 오랫동안 생각했다. 종교는 여성이 경험하는 부당한 현실을 받아들이게 해 주지 변화시키게 해 주지는 않는다고 말이다. 하지만 변화라고 하는 게 말이 쉽지, 나 하나도 어쩌지 못하는 경우가 많은데 사회는, 세상은 어떻게 바꾼단 말인가…. 그래서 때로는 타협도 지혜가 되는 게 아닐까. 뱀 같은 지혜라는 게 정확히 어떤 건지 모르지만, 뱀을 비유로 쓴 것으로 미루어 적어도 지혜는 순수의 화신은 아니지 싶다.

내게도 종교는 현 상태의 유지를 정당화하는 역할을 했다. 마음먹기가 힘들었다는 말로 이 글을 시작했는데, 내게는 떠나지 말아야 할 이유가 백한 가지는 되었다. 아이도 아직 어리다면 어렸고, 무엇보다도 남편이 목사였다. 둘째 아이를 잃고 2년 정도 사역을 쉬면서 남편에게 다른 곳에서 제안이 없었던 것은 아니지만, 요청해 온 지역이 당시 살던 곳과는 달라서 수락할 경우 이사를 가야 했다. 사역지 따라 남편 중심으로 생활 환경이 바뀌고 거기에 적응해서 사는 것에 넌더리가 났던 나는 이사를 거부하며 가려거든 혼자 가라 했고, 그때마다 남편은 그게 가당키나 한 말이냐며 펄쩍 뛰었다. 그만큼 목사 부부는 한 단위로 움직여야 한다는 그의 신념이, 그리고 교회 문화가 강했다. 왜 내가 부름받지도 않은 일에 이리저리 휘둘려야 하는지, 아이를 잃은 지 얼마 되지 않은 상태에서 더 이상 그러고 싶지 않다는 생각이 더 강해졌다. 기러기 가족, 주말 부부 등 사회에서는 이미 기능적 단위로 전락한 지 오래인 결혼이고 가족 제도이지만, 그래도 기독교에서는 여전히 가족 자체에 어떤 본질적 의미를 부여하고 있었고, 그러한 신학을 바꾸지 않는 한 내게 탈출구는 보이지 않았다.

나 개인의 안녕을 억압하는 이 구조를 탈출하는 것에 여성학은 모든 지지를 보내 주었지만 내 종교는 그러한 탈출 욕구를 정죄했다.《교회 언니, 여성을 말하다》후기에서 "내가 하나님을 믿는 방식에 대한 이야기는 내가 여성의 인권을 지지하는 방식을 설명하는 것보다 더 깊고 복잡하다"고 말한 데에는 이러한 배경이 있었다. 내가 이해하는 기독교 전부가 나의 탈출 욕구를 정죄한 것은 아니기 때문에 이 양가적 종교에 대한 나의 감정은 복잡할 수밖에 없었다. 나의 탈출 욕구를 지지해 준 종교의 측면은 어느 날

불현듯 떠오른 제자로의 부름이었다. 말하자면, 내가 부름받은 제자의 삶은 어디로 갔는가 하는 생각이 들었던 것이다. 지금과 같은 인생이 내가 제자로 부름받은 삶의 전부라면, 그것은 참으로 부끄러운 모양새라는 생각이 들었다. 너는 내가 네게 준 인생으로 무엇을 했느냐고 나중에 하나님이 물으신다면 할 말이 없을 것 같은 기분이었다.

처음 예수를 믿을 때부터 내게는 하나의 이미지 혹은 느낌 같은 게 있었는데, 내가 확 떨치고 일어나 붙잡기만 하면 무언가 엄청나게 가슴 벅찬 현실을 잡을 수 있을 것 같은데 무엇 때문인지 그 용기를 내지 못하는 두려움에 갇힌 그런 느낌이었다. 나중에 앤^{Ann}/배리 율라노프$^{Barry\ Ulanov}$의 《신데렐라와 그 자매들$^{Cinderella\ and\ Her\ Sisters}$》(한국심리치료연구소)을 읽으면서 내가 생각하는 그 가슴 벅찬 현실이란 그들이 말하는 '선'이라고 보아도 되겠다고 생각했고, 더 나중에는 내게 주어진 소명/사명 같은 것이라고 해석할 수도 있겠다 싶었다. 자신에게 주어진 선을 제대로 찾고 주장하지 못하면, 다른 여성이 누리는 선을 시기하는 삶을 살게 된다고 그 책은 말하는데, 내 경험상 어느 정도 맞는 말이다. 왜 어떤 여성은 남편도 잘 만나고 경력도 잘 쌓는데, 내 인생은 요 모양 요 꼴일까. 그것은 내 인생의 진짜 선이 무엇인지 몰라, 남들이 다 원하는 화목한 가정, 남들이 부러워하는 경력, 그리고 그에 따르는 경제적 보상과 지위라는 것들을 동경했기 때문에 생기는 시기심이었다. 그러한 것들은 자기에게 주어진 선을 추구하다 보면 따라올 수 있는 것들이고, 따라오지 않으면 않는 대로 어쩔 수 없는 것들인데 말이다.

그 당시로는 아직 불분명했던 그 선을 향해 손을 뻗을 용기가 어떻게 났는지 모르겠지만, 여성학의 지지와 제자 의식의 희미한 기억이 혼합되어 나는 마음을 먹었다. 그래서 대학 졸업한 지 20년, 석사 수료한 지 9년, 결혼한 지 18년 만에 다시 학생이 되었다. 그것도 태평양 건너 미국 땅에서 홀몸으로 말이다. 이렇게 내가 햇수를 꼽는 이유는 여성의 생애 주기는 남성의 것과 다르고 그것을 열등하게 여길 이유가 없다고 강조하기 위해서이다. 물론 나는 지금도 내가 뒤늦게 공부해서 경력이 짧다는 것 때문에 다소 위축되기도 하고—특히 일본에서는 더욱더 그런 분위기이다—불리한 일들을 겪기도 하지만, 적어도 이제는 내게 주어진 인생에 성실했다고, 내 달란트를 땅에 묻는 일은 하지 않았다고 말할 수 있다. 그리고 지금의 나를 만들어 준 과거의 경험들을 유감스러워하지도 않는다.

그러나 떠날 당시 나는 소심하기 짝이 없는 사람이 엄청난 일을 덜컥 저지른 것마냥 벌렁대는 가슴을 간신히 누르고 있는 모양새였다. 이순신 장군이라도 되는 양 나의 떠남을 알리지 말라고 지인들에게 신신당부하고 한국을 떠났다. 지금 생각하면 참 우습기 짝이 없다. 그게 뭐 대단한 일이라고, 내가 뭐 그리 대단한 사람이라고. 하지만 아이까지 두고 가는 상황에서 괜한 구설수에 오르고 싶지 않은 마음이 컸다. 아이는 자기가 원해서 한국에 남았지만, 이러한 결정이 평화로운 합의보다는 내가 밀어붙여서 이루어졌기 때문에 졸지에 나쁜 엄마가 되어 버린 것 같은 형국도 부담이 되었다. 하지만 나도 살아야 했다. 나중에 사람들이 어떻게 그럴 수 있었냐고 물을 때 나는 인생이 바닥을 치면 그렇게 된다고밖에 말할 수 없었다. 남편 목회를 뒷바라지하다가 아이를 잃었다. 그러고 나니 남편이 방향을 잃었다. 방향을 잃은 남편 옆에서 더는 내 인생을 허비하고 있을 수 없었다. 할 만큼 했다. 나도 살자.

미국에서 만난 한국인 친구 중에 내 처지를 부러워하는 사람이 있었다. 자신도 다 두고 혼자 오고 싶었는데, 남편이 따라붙고 애들까지 다 달고 와서 원하는 만큼 공부가 진척되지 않는다고 했다. 비단 그 친구만이 아니라 부러워하는 사람들이 더러 있었다. 그러나 모든 선택에는 나름의 대가가 있게 마련이다. 많이들 하는 이야기로, 케이크는 먹으면 없어지지 먹기도 하고 가지기도 하는 법은 없다. 미국 생활 첫 2년 동안은 끈 떨어진 연 같다는 느낌을 지우지 못했다. 그것은 참으로 힘든 고립감 같은 것이었다. 일반적인 목사 가정의 생활방식을 깨고 나와 구설수에 오르지 않으려고 은둔 상태에 들어갔기 때문에 겪어야 하는 것이기도 했고, 현재만 있고 미래는 보이지 않는 생활을 시작했기 때문에 느끼는 감정이기도 했다. 구설수를 피하려고 한국 사람과의 접촉은 가능한 한 피했고, 한국을 떠나기 2년 전 뒤늦게 발견한 소통 창구였던 페이스북도 닫았다. 그렇게 내가 알던 세상을 등지고 내게 주어진 기숙사 방과 강의실, 도서관을 오가는 생활을 시작했다.

물론 꼭 구설수를 피하기 위해서만 그렇게 나를 고립시킨 것은 아니었다. 유학을 결심하면서 5년 안에 마친다는 목표를 세웠고, 아들에게 "네가 중2가 되면 돌아오겠다"라고 약속했다. 그래서 공부에 전념할 수밖에 없었다. 영어가 아무리 익숙하다 해도 해외에서는 처음 경험하는 고등교육 제도였다. 에세이 쓰는 것부터 시작해서 매 수업을 위해 소화해야 하는 엄청난 독서량까지, 수업만 따라가기도 벅

찼다. 게다가 나이도 먹어서 체력도 달리고 머리도 예전 같지 않았다. 정말이지 공부할 기회의 막차를 탄 심경이었다. 1, 2년만 늦었어도 아마 그렇게 해내지 못했을 것이다. 여하튼 그렇게 집중한 덕분에 4년 반이 채 안 되어서 공부를 마칠 수 있었다.

참으로 감사한 것은 내가 떠남으로써 오히려 남편이 스스로를 챙길 줄 알게 되었다는 것이다. 가사 노동에서부터 경제적인 것까지 상당 부분을 나에게 의지하고 있던 남편이 내가 떠나고 나자 더 능동적으로 움직이기 시작했다. 엄마가 열심히 공부하는 모습이 아들에게 긍정적으로 작용해서 아들도 스스로 알아서 공부하기 시작했다. 그 탐정 소설의 주인공은 남성이 여성의 선의에 기대어 단물을 빨아먹는 데에는 어느 정도 여성이 그것을 허용했기 때문이라고 지적하는데, 그게 바로 내 모습이었지 싶다. 그렇게 누군가에게 없어서는 안 되는 존재가 된다는 게 마치 나의 존재 가치를 확인해 주는 것 같지만, 그것은 사실 건강하지 못한 의존 관계의 양상일 수 있다. 내가 더는 기댈 만한 버팀목이 되어 주지 않자 오히려 나도 살고, 그도 살게 되었다는 것은 아이러니라면 아이러니이다. 그러나 이 모든 것은 다 결과일 뿐, 내게 주어진 골방으로 들어갔을 때는 그

저 오늘만이 있을 뿐이었다. 그렇게 공부를 수도처럼 여기며 산 4년 반가량의 나날이 시작되었다.

2

자기만의 공간과 은자의 길

첫 학기에는 필수로 들어야 하는 수업 두 개와 약간은 실험적인 수업 하나를 택했다. 어렸을 때 영국에서 살았기 때문에 주로 그쪽을 자주 방문했지 미국은 1983년 말에 영국에서 한국으로 귀국하는 길에 잠시 들렀을 뿐 거의 처음이나 마찬가지였다. 대중교통이 거의 없다시피 한 지역에서 사는 것도 처음이었다. 대부분의 학생이 자동차 아니면 적어도 자전거는 소유한 지역에서 나는 두 가지가 다 없는 뚜벅이 생활을 떠날 때까지 했다.

이곳에서 자동차가 얼마나 일상 속 깊이 침투했는지는 걸어서 10분 거리도 걸어 다니는 사람이 없다는 데서 알 수 있다. 그래서 길에서는 사람과 마주치는 일이 거의 없었다. 강의실 앞에 차를 세워 두었다가 강의가 끝나면 차 타고 휭 하니들 가 버렸다. 어쩌다가 수업을 같이 듣는 친구를 캠퍼스에서 만나면 나는 간만에 동족을 만난 사람처럼 너무 반가워서 무슨 말이라도 하고 싶어 했지만, 정말 친한 사이가 아니라면 그냥 "안녕" 하고 인사만 하고 지나가는 게 관례라는 것을 이내 깨달았다. 미국 사람들의 반가운 인사는 그냥 인사일 뿐, 계속 관계를 맺고 싶다는 표현은 아니었다. 말하자면 한국에서는 그냥 호의로 하는 겉치레 말들이 미국에서는 과장되게 높아지는 목소리 톤과 가벼운 포옹 같은 몸짓으로 나타날 뿐, 그게 겉치레인 것은 피차 마찬가지였다.

류터 교수는 내가 속한 대학원의 교수는 아니고 클레어몬트신학교의 교수였지만, 클레어몬트대학원대학교의 종교학과와 클레어몬트신학교는 길 하나를 사이에 두고 있었고, 서로 수업도 교류하고 도서관 자료도 공유했다. 내가 첫 학기에 들은 수업은 우리 전공의 필수 교과인 류터 교수의 수업과 내 지도교수의 수업이었다. 류터 교수의 수업은 교부학Patristics에 맞서 개발한 교모학Matristics이라는 수업이었는데, 2세기부터 17세기까지 주요 여성 신학자들을 연구하는 수업이었다. 한 과목의 수업에서 다루는 내용은 매우 많기 때문에 대개는 자신이 발표한 내용이나 페이퍼로 쓴 내용이 그 수업에서 얻어 가는 핵심이 된다. 류터 교수의 수업에서 나는 노리치의 줄리언과 아빌라의 테레사라는 인물을 얻어 갔다.

첫 수업 시간에 자신이 발제할 인물을 택해야 했는데, 그 긴 목록 중에 내가 아는 여성은 거의 없었다. 모르는 사람을 고르면 새롭게 알아 가는 재미가 있겠지만, 이 수업 자체가 나로서는 완전히 새로운 패러다임의 수업이라 금세 감을 잡지도 못하는 상황에서 그나마 내 눈에 들어온 줄리언의 이름이 반가울 따름이었다. 노리치의 줄리언은 피터슨의 책을 번역하면서 들어 본 이름이었다. 그래서 망설임 없이 그를 택했다. 그리고 발표를 준비하면서 읽어 간 내용은 정말로 흥미진진했다.

개신교에서는 잃어버린 기억이지만, 기독교 역사에는 누구의 아내로 사는 대신 종교인의 삶을 택한 여성들이 있었다. 현재 개신교에서 생각할 수 있는 여성의 종교직은 선교사, 전도사, 조금 더 최근에는 목사 정도이다. 그러나 기독교 전체 역사를 보면, 특히 수도원 전통에서, 다양한 여성 수행자들을 만날 수 있다. 성직과 속직의 구분을 반대하는 전통이 있는 개신교는 종교 세계와 세속 세계를 구분한 종교개혁 이전의 기독교를 비판하지만, 내가 보기에 성과 속의 구분은 어느 정도 장점이 있다. 신의 권위에 의한 것임을 확인할 통로만 있다면, 오히려 세속의 법보다 더 관대할 수 있는 게 종교의 법이기 때문이다. 줄리언이 부름받은 은자隱者의 삶도 그랬다.

줄리언이 담당했던 종교직의 이름은 '앵커리스anchoress'이다. '여성 은자' 혹은 '혼자 사는 수녀' 정도로 번역할 수 있는 이 단어는 '어디로부터 물러나다'라는 뜻의 그리스어 '아나코오레테스*anakhōrētēs*'에서 유래했다. 말하자면 이 세상으로부터 물러난 사람들을 뜻하는 단어로, 남성형은 '앵커라이트anchorite', 여성형은 '앵커리스anchoress'이다. 이들이 다른 수도자들과 다른 점은 수도 동료 없이 혼자 산다는 것과 이동의 자유가 없다는 것이었다. (물론 봉쇄 수도원에 들어간 사람들도 이동의 자유가 극히 제한되기는 한다.) 이들은 교회 옆에 딸린 작은 처소에 입소하면 다시는 나올 수 없었다. 이 종교직은 특히 중세 영국에서 발달했는데, 이러한 은자의 삶은 누구나 지원할 수 있었다. 남자나 여자, 신부나 수사나 수녀, 평신도도 가능했다. 결혼한 사람도 배우자가 이러한 삶의 방식에 동의만 한다면 여성 은자나 남성 은자가 될 수 있었다. 말하자면 이 소명은 결혼처럼 강력한 매임에서 놓여날 수 있는 길을 허용했다.

요즘같이 여성들이 결혼 관계에 들어가지 않고도 살아갈 길이 많은 세상에서 이것은 별일 아닌 것처럼 여겨질지 모르나, 그래도 여전히 이혼한 여성이나 싱글 여성에게 따라붙는 부정적 시선을 생각하면, 합법적으로, 게다가 존경까지 받으면서 자기만의 공간을 얻고 기도에 전념할 수 있는 생활 양식이 그 당시에 존재했다는 것은 제법 파격적이었다는 생각이 든다. 물론 요즘에는 그리스도인이라 하더라도 기도만 하는 생활을 매력적으로 여길 사람이 별로 없겠고 그러한 삶이 존경받는 세상도 아니지만, 그래도 신앙인의 입장에서 이것은 한번 생각해 볼 만한 일이다.

근대 사회에서 종교의 흐름은 종교와 세상의 상관성을 입증하려는 방향으로 움직여 왔다. 과학도, 민주주의도 다 종교와 양립 가능하다는 것을 입증함으로써 종교가 인류의 진보와 발전의 뒷목을 잡는 구태의연한 관습이 아닌, 쓸모 있는 것임을 입증하려 한 것이다. 그리고 최근에는 페미니즘도 종교와 양립 가능하다는 것을 입증하기에 이르렀다. 한편 내가 속한 기독교 전통에서는 종교와 일상을 분리하지 않는 영성을 개발했고, 그래서 교회와 세상의 경계가 더 흐려졌다. 게다가 지금은 그 어느 때보다도 종교가 정치화되었다. 특정 정당에 투표하는 것이 좋은 그리스도인의 표지가 될 정도로 말이다. 종교적 언어로 유별 떠는 것을 별로 좋아하지는 않지만, 이러한 흐름이 종교의 고유 영역, 혹은 신비라고 하는 영역을 점점 더 밀어내고 있지는 않나 하는 생각이 요즘은 든다. 종교가 세상의 언어로 자신을 설명하려 하면 할수록 종교는 더 초라해지는 것 같다는 인상이다.

줄리언의 시대는 달랐다. 당시 영국 사회에서 이러한 은자는 성별을 막론하고 존경받는 자리였고, 이들은 기도 생활에 전념하기 위해 스스로 세상을 등지고 골방으로 들어간 사람들이었다. 이들이 은자가 되는 의식은 자못 장엄했는데, 내가 세상을 향해 죽었다는 것을 보여 주기 위해 사뭇 장례 행렬과도 같은 모습을 취했다고 한다. 이 은자가 교회에 딸린 작은 처소로 들어가면 마치 관의 못을 박듯이 문이 닫혔고, 그 후로 다시는 거기에서 나오지 못했다.

이처럼 무게가 있는 삶이다 보니 아무나 지원할 수는 있어도, 일단 지원한 사람은 자신이 이 삶으로 부름받았다는 사실을 주교에게 검증받는 기간을 거쳐야 했다. 특별히 은자의 삶에서 이러한 절차를 요구한 이유는 이 삶의 특성상, 개인에게 많은 것이 달려 있었기 때문이다. 수도원에는 대개 규칙이 있고 그 규칙을 감독하는 수도원의 일정과 동료 수행자들이 있지만, 스스로를 가둔 은자들은 오로지 자기 자신만이 자신의 영적 생활에 책임이 있었다. 특히 여성들은 혹시 있을지도 모르는—누가 누구에게 유혹이 된 것인지는 모르지만—성적 유혹을 방지하기 위해 고해 신부도 간헐적으로 만나고, 남자 성직자와 대면해야 할 경우에는 얼굴을 가리고 제3자가 항시 있어야 했다고 한다. 이렇게 간섭자가 거의 없이 홀로 있는 상황에서, 오직 기도에 전념하면서 주님과 교제가 이루어지는 자신의 내면세계에 집중하는 삶을 제대로 살아 내려면, 이 삶에 대한 부름이 확실해야 했고 다른 동기가 있어서는 안 되었다. 게다가 외형으로는 이 삶에서 요구하는 생활방식을 잘 따르는 것 같아도, 어느 순간 습관적으로 반복하는 삶이 되기 쉽고, 그러다 보면 이내 내면세계의 생명력이 사라질 수도 있었기 때문에, 그러한 상태에 빠지지 않기 위해서라도 많은 자율성이 요구되는 삶이었다. 다시 말하면, 정말로 자신의 내면세계에 깨어 있도록 기도나 금욕의 방식을 자신에게 맞게 스스로 조율할 수 있는 자유가 여성 은자에게는 필요했던 것이다.

나아가서, 내면생활에 집중하는 삶에 맞게 그것을 방해

하는 모든 활동은 금지했다. 여성이라도 밥과 청소를 대신해 주는 사람을 두고 자신은 그런 일로 방해를 받지 않아야 했다. 그래서 혼자 사는 삶이면서도 완벽하게 혼자는 아니었다. 자신을 위해 재생산 노동을 해 주는 사람을 관리하는 것도 여성 은자의 일이었고, 이들과는 자주 대면할 수밖에 없었다. 그러나 이렇게 도움을 주는 사람의 존재는 유혹이 될 수도 있었다. 기도 생활이 지루해지거나 혼자 사는 삶이 외로워지면 수다를 떨 대상이 곁에 있었기 때문이다. 물론 대놓고 나태해지지는 않았겠지만, 자신이 어느 정도로 흐트러졌는지는 자신만이 알 일이고, 책임질 일이었다.

은둔의 삶을 살지만, 이들이 방을 전혀 벗어나지 못하는 것은 아니었다. 교회 마당 정도까지는 나올 수 있었다. 하지만 그 이상을 벗어나면 출교되었다. 인터넷에서 노리치의 줄리언을 검색해 보면 간혹 고양이를 데리고 있는 여자의 그림이 나오는데, 그 이유는 개는 안 되지만 고양이는 키울 수 있었기 때문이다. 개는 나가서 사고를 치기도 하고 산책도 시켜야 해서 여성 은자가 내면세계에 집중하는 데 방해가 되었지만, 고양이는 그렇지 않은 동물로 여겨졌다. 물론 쥐를 잡아 준다는 명목이 있었지만, 줄리언의 전기 작가 그레이스 잰슨Grace Jantzen은 고양이를 반려동물로 대했을 가능성도 충분히 있었을 것이라고 말한다. 고독한 수행자에게 이러한 말 없는 벗은 분명 환영할 만한 존재였으리라.

지금까지 이 은자를 줄리언이라는 이름으로 불렀는데, 사실 이 은자의 이름은 줄리언이 아니다. 은자의 전통에 따라 자신이 기거하는 교회의 이름을 따서 줄리언이라고 불렸을 뿐, 본명은 알려져 있지 않다. 줄리언은 영국 노리치에 있는 '성 줄리언' 교회에 딸린 작은 공간에 살았기 때문에 노리치의 줄리언이라고 불린다.

이렇게 줄리언의 이야기와 그가 산 은자의 삶에 대해 읽으면서 그에게 주어진 삶의 조건이 유학 생활 당시 내게 주어진 삶의 조건과 비슷하다는 생각이 들었다. 그 이유는 무엇보다도 제한된 행동반경과 한 가지에 집중된 삶 때문이었다. 나는 줄리언보다는 조금 더 먼 거리까지 갈 수 있었지만, 차 없이 내가 걸어서 다닐 수 있는 곳은 학교와 근처 마켓, 스타벅스 정도였다. 그나마 스타벅스도 한 15분은 걷는 거리에 있어서 잘 가지 않았다. 15분이 멀어서가 아니라, 캘리포니아의 땡볕을 받으며 걸어서 거기까지 갔다 오는 게 휴식이 아닌 일처럼 느껴졌기 때문이다. 결국 카페도 도서관 카페를 주로 이용했고, 나의 이동 거리는 기숙사와 캠퍼스 왕복이 거의 전부였다. 그렇게 기숙사와 학교를 오가면서 나는 줄리언을 생각했다. 교회 마당을 벗어나지 못하면서 기도하는 삶에 전념했던 줄리언. 학교 캠퍼스를 벗어나지 못하면서 공부에 집중하는 나. 성과 속의 묘한 대비였다.

또 한 가지 줄리언의 삶에 대해 숙고하게 된 것은 그가 가졌던 자기만의 공간 때문이다. 20세기 초에 버지니아 울프Virginia Woolf는 《자기만의 방 A Room of One's Own》에서 여자가 제대론 된 문학 작품을 쓰기 위해서는 자기만의 방과 돈, 곧 기본 생활비가 필요하다고 했다. 그는 지적 자유란 그러한 물리적인 것에 기대고 있다고 말하는데, 줄리언의 영적 자유도 그러한 물리적인 것에 기대고 있었다. 줄리언은 교회에 두 권의 중요한 책을 남겼다. 하나는 신비 체험 직후에 그것을 기억하려고 기록한 《짧은 텍스트 Short Text》이고, 또 하나는 그 체험을 깊이 묵상한 후에 신학적 통찰을 더해 기록한 《긴 텍스트 Long Text》이다. (이름에서 유추할 수 있듯, 책의 길이 때문에 붙은 이름이다.) 그는 동료 그리스도인들을 위해서 사명감을 가지고 이 작업을 했다. 하지만 영적 체험과 묵상을 글로 옮겼다 하더라도 글쓰기는 기본적으로 지적 작업이다. 그리고 줄리언에게는 그 작업을 할 수 있는 개인

공간이 있었다.

　요즘은 일찍부터 혼자 살면서 자기 공간을 갖는 게 특이한 일도 아니지만, 나만 하더라도 내가 얻은 기숙사 방은 지금까지 내가 가진 공간 중에 가장 큰, 오롯이 나만의 공간이었다. 앞으로 살면서 이보다 더 좋은 공간을 가질 수 있을까 싶게 내게는 과분한 공간이었다. 물론 내 구미에 다 맞는 것은 아니었다. 커튼을 달 수도 없었고, 어딘지 모르게 병원이나 시설 같은 느낌을 주는 방이었다. 그러나 거실 한편에 책상을 놓고 주방을 오가며 번역 일을 하던 나로서는 정말로 호화로운 공간이었다. 줄리언처럼 나를 위해 밥을 해 줄 사람은 없었지만, 살림하고 아이 키우면서 돈을 벌다가 내 입 하나만 챙기며 공부만 하니 엄청난 자유였다. 그러나 고립을 대가로 얻은 자유였다.

　돌봄 노동을 주로 담당하는 여성은 한 가지에 집중하기 위해 스스로를 고립할 수 있는 기회가 별로 없고, 특별히 그러한 생활에 가치를 두지 않기도 한다. 아이들이나 가족의 요구에서 잠깐씩 벗어나고 싶은 욕구야 늘 충만하지만, 어느 순간 다시 아이와 가족을 찾게 된다. 여성은 아이를 낳고 키우는 데서 가장 큰 만족을 누린다는 속설 아닌 속설이 지속되어서일 수도 있다. 그러나 그게 꼭 속설만은 아닌 게, 나는 내가 태어나서 제일 잘한 일이 아이를 낳은 것이라고 생각한다. 논문을 마쳤을 때도 무척 보람되고 뿌듯했지만, 아이를 낳았을 때만큼은 아니었다. 나이가 들면서 아직 출산하지 않은 젊은 여성의 몸을 볼 때 그 몸과 내 몸은 다르다고 느낀다. 비단 내 몸이 늙어서가 아니라, 아직은 자기 몸의 모든 기능을 다 시험해 보지 않은 몸과 해 본 몸의 차이라고나 할까. 그러나 나와 비슷한 연배의 여성에게서는 그것을 느끼지 못하는데, 그 이유는 출산이 큰 경험이기는 하지만, 그것으로 여성의 모든 삶이 축소될 수는 없기 때문이다. 어떠한 이유에서든 그 생물학적 시기를 출산 없이 그냥 넘긴 여성은 나름대로 의미 있는 선택을 한 것이고, 역으로 출산한 여성도 때가 되면 자기 인생의 고유한 영역을 찾아 나설 수밖에 없다. 이유기는 비단 아이만이 아니라 엄마도 거치는 과정인 것이다.

성경은 그러한 이유기를 거치는 여성을 지지한다. "기도할 틈"을 얻을 자유를 주었기 때문이다(고전 7:5). 이 본문에서는 부부가 성관계의 의무에서 벗어날 수 있는 근거로서 기도할 틈을 언급하고 있지만, 우리 신앙의 선배 여성들은 역으로 이 기도할 틈을 핑계로 원하지 않는 성관계를 피하기도 했다. 이렇게 종교법은 세속법보다 관대할 수 있다.

하나님이 중요하고 기도가 중요하다는 이해를 공유하는 신앙 공동체는 이 기도할 틈을 요청하는 여성에 대해 관대할 수 있기 때문이다.

바울은 분명 결혼보다 독신을 선호했다. 마음이 나뉘지 않을 수 있기 때문이다. 그러나 만약 결혼했다면, 독신자가 누리는 '한 가지에 집중된 삶'을 잠깐 누릴 기회는 이 기도할 틈을 얻을 때이다. 결혼한 사람이어도 배우자가 합의하면 줄리언과 같은 은자의 삶을 택할 수 있었다고 했는데, 이 사람들은 아마도 기도할 틈이 아예 소명으로 발전한 사람들일 것이다.

내게 유학 생활은 일종의 기도할 틈이었다. 잃어버린 제자로서의 내 삶을 찾아야 했고, 그러기 위해서는 잠시 고립되어야 했다. 이렇게 자유와 고립은 함께 왔다. 그리고 그 둘이 서로 화해하고 더 깊은 자유로 나가기까지는 시간이 좀 걸렸다. 나의 첫 1년은 아직 그 화해점을 찾지 못한 채, 자유로 추가 움직이면 무한히 행복했다가 고립으로 추가 움직이면 무한히 쓸쓸함에 잠기는 그러한 시간이었다.

3   은자와 공동체

류터 교수의 수업에서 노리치의 줄리언과 아빌라의 테레사를 얻어 갔다고 했는데, 앞 장에서 테레사는 채 언급을 하지 못했다. 줄리언보다는 테레사가 더 많이 알려진 인물이다. 그는 제법 유복한 가정 출신이었는데, 남편에게 완전히 붙잡혀 살면서 여러 아이를 낳다가 끝내 죽음을 맞은 어머니와는 다른 삶을 살기 위해 수녀가 되었다. 복종할 남편이 없고 아이를 낳을 필요가 없는 수녀의 삶을 그는 복된 삶으로 여겼다. 한편 테레사는 사람을 무척 좋아했는데, 그래서 수녀가 되고 나서도 수녀원으로 찾아오는 가족과 친구들과의 만남을 끊지 못해 더 깊은 영적 생활에 방해를 받기도 했다. 결국 그는 그 관계들을 끊어야 함을 인식하고 스스로를 봉쇄하기에 이르렀지만, 그래도 친구들이나 고해성사 신부와 서신 등을 통한 대화의 끈을 놓지 않았다. 종교개혁 이후 가톨릭 개혁에 앞장선 수녀로서 테레사는 스페인 곳곳에 열여섯 군데 봉쇄 수도원을 세웠는데, 자신이 책임지고 있는 수녀들을 위해서 기도를 가르치는 책을 직접 썼다. 줄리언이나 테레사는 서로 환경은 달랐지만, 둘 다 다른 그리스도인들과 나누기 위해서 자신이 깨닫고 경험한 바를 글로 남긴 것이다.

한 사람은 은자의 삶을 살고 다른 한 사람은 봉쇄 수도원을 세웠지만, 이들의 독신과 고립 생활은 지금 우리가 아는 것과 같은 파편화된 고독한 개인의 삶이 아니었다. 이들의 생활양식은 더 나은 것을 추구하기 위한 삶, 곧 신이 부여하신 삶이었고, 그 삶은 자신이 속한 공동체를 섬기기 위한 것임을 그들은 알았다. 선택의 자유가 가장 중요한 의제가 되어 버린 오늘날의 사회에서는, 내가 택했기 때문에 소중하다는 것 이외에 여기에 더 큰 의미를 부여하지 않는다. 그러나 선택의 자유는 무엇을 위해 그것을 선택했느냐고 하는, 그것의 더 큰 쓸모를 발견할 때 비로소 제대로 의미를 가진다. C. S. 루이스는, 각자의 삶은 그 삶의 자리에 있기 때문에 볼 수 있는 어떤 것을 묘사하라고 주어진 것이라고 했다. 그 자리에서만 볼 수 있는 특유의 것들은 다른 자리에 있는 사람에게 유익을 끼칠 수 있다. 이처럼 각 삶은 자기 너머의 더 큰 공동체에 기여하는 바가 있고, 바로 그 기여가 각 삶에 의미를 부여한다.

1980년대 말 그리스도인들 사이에서 제자라는 새로운 패러다임이 자리 잡을 무렵, 공동체 운동도 동시에 일어났다. 혈연으로 맺어진 1차 가족을 넘어 하나님에 대한 공통된 신앙으로 구성된 더 큰 믿음의 가족에 속했다는 인식이 있는 그리스도인들에게 공동체 운동은 하나님나라의 삶을 이 땅에서부터 살기 시작할 수 있는, 이상적이라면 이상적인 삶을 지향하는 운동이었다. 그러나 혈연관계가 유독 강하고 중요한 한국 사회에서 막상 이 운동이 성공하는 경우는 많지 않았다. 나는 공동체를 전혀 낭만적으로 생각하지 않는다. 한때 그 가능성을 꿈꾸지 않았던 것은 아니지만, 우선 나라는 사람 자체가 그러한 생활과는 맞지 않는다. 물론 더 나이가 들고 덜 예민해져서 편하게 누구와도 잘 어울리는 성격으로 바뀔 가능성이 전혀 없진 않겠지만, 집안 식구 내력으로 보건대 그럴 가능성이 별로 커 보이진 않는다.

그런데 미국에서 혼자 사는 생활을 계속하다 보니 같이

사는 공동체는 아니어도 여러 방식으로 나를 키우고 지원해 준, 내가 거쳐 온 여러 공동체와 그 안에서 만났던 사람들에게 새삼 고마움이 생기고, 그렇게 나를 키워 준 울타리의 존재에 대해 다시 생각해 보게 되었다. 내가 마음껏 저항할 수 있었던 것도 그런 울타리가 있었기 때문이고, 그 울타리에 대한 막연한 신뢰 같은 것이 있었기 때문이라는 생각이 들었던 것이다. 교회를 욕하는 것도 교회가 어느 정도 든든한 기반이 되니까 가능하지, 하나의 섹트처럼 미미한 세력이라면 저항의 여지도 없이 내부로 똘똘 뭉쳐 경직되거나, 아니면 저항하며 서로 싸우다가 와해되거나 둘 중 하나가 아니겠는가.

물론 그러한 생각에 이르기까지는 시간이 좀 걸렸다. 내가 하는 공부를 통해서 어디에 도달할지 전혀 알 수 없는 상태로 시작한 공부였다. 그러면서도 신학이 아닌 종교학을 선택한 이유 중 하나는 페미니즘 관점에서 하는 여성 신학은 결국 여성 신학이라는 하나의 분과일 뿐 그 너머의 사람들에게는 별 설득력이 없다고 여겼기 때문이기도 하다. 그러니까 여성 신학은 여성 신학일 뿐, 그것이 신학의 계보와 풍토를 다 갈아엎지는 못한다는 것이다. 첫 학기에 들은 지도교수의 종교여성학 입문 수업에서 나는 이 문제를 제기했다. 우리가 아무리 페미니즘 관점에서 신학 작업을 해도 그것이 그냥 '여성' 신학일 뿐이면 결국 별 힘을 발휘하지 못하는 것 아니냐고 질문했는데, 그에 대해 딱히 답을 듣지는 못했다. 토론으로 진행하는 수업이니 이런저런 문제를 다양하게 제기할 수 있었고 꼭 답이 있어야 하는 것은 아니었는데, 나는 한 번씩 사람들을 웃기거나 아니면 약간 의아하게 쳐다보게 만드는 발언들을 하곤 했다.

이후에 세라 섬너Sarah Sumner의 책을 읽고 토론할 때도 또다시 침묵의 반응이 돌아온 경우가 있다. 세라 섬너는 트리니티신학교Trinity Evangelical Divinity School에서 여성으로는 처음으로 조직신학 박사 학위를 받았고, 토저신학교A. W. Tozer Theological Seminary에서 2010-2012년까지 첫 여성 학장을 지냈다. 그동안 페미니즘 관점의 연구들은 주로 자유주의 진영 몫이었는데, 2000년대로 들어서면서 보수 쪽에서도 상당한 진전이 있었고, 그래서 그러한 사례 중 하나로 섬너의 《교회 안의 남성과 여성: 기독교 리더십의 합의점 찾기Men and Women in the Church: Building Consensus on Christian Leadership》를 읽었다. 그러나 그 당시에는 이 책도 별로 마음에 들지 않았다. 첫 장에서도 말했듯, 나는 가족에 본질적 의미를 부여하는 신학 때문에 갈등을 겪고 있었기 때문에, 섬너의 책이 남편의 머리 됨을 창의적으로 해석하고 있음에도 이성애 부부 중심의 가정을 여전히 성경적 모델로 보는 부분이 걸렸던 것이다. 가족이 모이는 주말이면 사역자 남편 때문에 한부모 가정처럼 오랜 세월을 보낸 나로서는 이 부부 모델 때문에 적잖이 마음고생을 했던 터라 꼭 남편과 아내가 있어야 하는 이러한 가정 모델이 싫었다. 그래서 이 저자가 여전히 이성애 부부 중심 가정 모델을 고수하는 게 문제가 되지 않느냐고 물었는데, 이에 대해서도 다들 눈만 껌벅거리며 나를 쳐다보았다.

그 당시 미국에서는 이미 여러 주에서 동성 결혼을 허용하던 터라 이성애 부부 중심 가족 모델이 적어도 이론상으로는 더 이상 규범으로 작동하지 않았기 때문에 내 말이 생소하게 들렸는지도 모르겠다. 미국의 보수 그리스도인들은 어차피 동성 결혼에 반대하니 트리니티 출신 신학자의 작업에 내가 들이대는 잣대 자체가 이미 맞지 않는 것이었을 수도 있다. 그 내부의 보수성을 생각하면 섬너의 작업은 상당한 진전이었지만, 그때만 해도 나는 맥락 안에서 세밀하게 그런 것들을 읽어 낼 눈을 아직 갖추지 못했다. 여하튼 이 수업을 통해서 섬너의 책 외에 여성주의 성서 해석 등의 책들을 적잖이 접하고도 내 눈이 번쩍 뜨이지 않은 이유는, 단순히 신학이 바뀐다고 세상이 바뀌는 게 아니라고 생각했기 때문이고 그 생각은 지금도 변함이 없다. 그래서 남편의 머리 됨에 대한 섬녀의 재해석도 그렇게 신선하게 와닿지 않았다. 사실 따지고 보면 남편의 머리 됨에 대한 이 구절은 우리 세대에게 그렇게 큰 강제력이 없다. 그것은 어떤 면에서 그냥 언어이고, 아이튠즈 라이센스 약정에 동의 표시하고 넘어가듯, 아니면 어린 시절에 별 생각 없이 국민교육헌장을 외웠듯, 그냥 당연하게 넘어가는 구절이기 때문이다. (그래도 어느 정도 영어 독해가 된다면 섬녀의 책은 읽어 볼 것을 권한다. 교회에서 어떤 해석상의 오류를 범하는지 이해하기 쉽게 설명해 놓았다.)

보수 교단도 여성에게 안수만 주지 않을 뿐, 교회에서 여성들은 여러 면에서 리더십을 발휘하고 있다. 교회 여성들은 이미 자기에게 필요한 대로 성경을 해석하고 있고 자기 해석에 대한 신학적 인정을 꼭 구하는 것도 아니다. 신학적 인정보다는 자기 생각에 동조하는 여성들이 있으면 되고, 사안에 따라서 남자 목사이든 전도사이든 속된 말로 구워삶을 방법만 있으면 되었다. 예를 들어, 어떤 여성이 교회에 다니지 않는 남자를 좋아했는데, 믿지 않는 사람과 멍에를 함께 메지 말라는 성경 말씀 때문에 어떻게든 그 남자를 설득해서 교회에 나오게 하고 세례도 받게 했다. 그런데 이 남자가 결혼하고 나서는 교회에 발을 끊었다. 속상해진 여자는 그때 자기 결혼을 말리지 않고 그 남자에게 세례도 주고 결혼 주례도 서 준 목사를 원망했다. 이 여성이 정말로 세례만 받고 교회에 발을 끊은 남편 때문에 신앙에 위기가 와서 그러는 것인지, 아니면 혼자 교회 생활하는 게 재미가 없어서 그러는 것인지, 아니면 다른 이유에서 남편이 마음에 들지 않게 되어 그러는 것인지는 알 수 없다. 어쩌면 본인도 그 이유를 모를 수 있다. 그러나 내가 그래도 성경의 규칙들을 이 정도 선에서 지켰는데 지금 인생이 풀리지 않는다고 그때 자기 편에서 동조해 주었던 (남자) 목사를 비난할 수 있을 정도의 힘이 그 여성에게 있었던 것은 사실이다. 현실이 이러한대 도대체 어디에서 어떻게 시작해야 하는 것일까?

  수업 중에 사람들을 크게 웃게 만든 때도 있었다. 누구의 글을 읽고 토론하는 중이었는지는 잘 기억나지 않는데, 자기 종교에 만족하는 대다수 여성의 이야기를 하면서, 나도 그러고 싶은데 왜 이렇게 복잡하게 고민하면서 피곤하게 사는지 모르겠다고 말했다. 어쩌면 그중에서 비슷한 생각을 하는 사람들이 있었기 때문에 그렇게 웃었는지도 모르겠다. 하지만 나는 고민 없는 사람을 비난하는 말이 아니라, 진심으로 하는 말이었다. 무엇이 그들을 자기 종교에 남게 혹은 자기 종교와 화해하게 만드는지, 나는 무엇 때문에 이도 저도 택하지 못하고 이렇게 힘들어하는지, 나 자신도 답답했다.

혹자는 내가 이미 기독교 세계관으로 너무 세뇌되어 있어서—관련 서적을 70권 정도 번역하면 그럴 가능성이 없지도 않을 것이다—쉽게 여성 신학이나 기타 자유주의 신학으로 넘어가지 못했다고 생각할 수 있다. 그러나 그것보다는 대학 시절 운동권에도 쉽게 동조하지 못했던 내 고지식함의 이유가 더 크다고 나는 생각한다. 나는 저 정도의 결의와 폭력으로 무엇에 대항할 때는 적어도 자기가 옹호하는 가치가 어느 정도는 일관되게 자기 삶에서 나타나야 한다고 생각했다. 반미 반자본주의를 외치려면 적어도 미국으로 유학을 가지 말아야 하고 자본주의에 기대고 살지 않을 수 있어야 한다고 생각했다. 그렇지 않을 거라면 왜 자신도 결국은 타협하고 살면서, 나는 순수하게 이 가치를 지키고 싶은데 세상과 타협하고 사는 다른 사람들이 문제인 양 그들을 비난한단 말인가.

같은 맥락에서, 낮아지는 삶을 강조하면서 유학을 가는

그리스도인에 대해서도 나는 묘한 배신감을 느꼈다. 유학 생활도 자신이 끌어모을 수 있는 자본에 따라서 생활 수준은 천차만별이지만, 그나마도 갈 수 있는 사람은 스타트업 자본이라도 끌어올 수 있는 사람이다. 아무리 아껴 써도 유학은 돈이 많이 드는 일이다. 이미 준비 단계에서부터 그렇다. 학원비만 해도 얼마겠는가. 게다가 서구 선진국에서 따온 학위가 국내 학위보다 더 가치가 있는 상황에서 유학을 택한다는 것은 아무리 잘 설명한다 해도 어떠한 식으로든 지금보다는 더 나은 삶을 원하는 것이라는 욕구를 부인할 수 없다. 결국, 좌로든 우로든 이념화된 율법주의는 개인으로서 의미 있는 삶을 추구할 자리를 제대로 마련해 주지 못한다는 것을 나 자신을 들여다보면서 알게 되었다. 말하자면, 내가 오래전부터 가고 싶어 했던 유학을 못 간 데에는 내게 주어진 삶의 여건만큼이나, 스스로를 옥죄고 있던 나 자신의 율법주의도 한몫했던 것이다.

또 다른 어느 수업 시간에는 자신에게 주어진 상황에서 벗어날 수 있는 자원이 있는 여성과 그렇지 못한 여성의 차이에 대해서도 생각했다. 그나마 협상력이 있는 나의 지위—친정에 기댄 어느 정도의 경제력, 어린 시절 해외 생활 경험과 그로 인한 영어 실력, 인정받는 대학에서의 고등

교육―를 돌아보면서 모든 여성에게 같은 해법을 제시할 수는 없다는 점을, 그리고 그런 의미에서 "모든 것이 다 가부장제 때문이야"라고 하기에는 우리 삶이 너무 다양하고 복잡해졌다는 점을 생각하게 되었다. 아무리 들여다보아도 여성 신학이 이러한 다양한 삶을 다 담아 준다는 생각이 들지 않았다. 무엇보다도 보수적이고 전통적인 선택을 하는 여성들의 삶을 설명해 주지 못할 뿐만 아니라, 그들을 은근히 비판하기 때문이다.

현경의 책을 발제하면서 촉발된 생각도 있었다. 한국어로는 《다시 태양이 되기 위하여》(분도출판사)로 번역된 책인데, 수업 시간에 아시아 여성 신학 중 하나로 소개가 되어 읽었던 책이다. 아마도 내가 발제를 지원했지 싶다. 그런데 그 책에서는 아시아인이고 여성이고 그리스도인인 나 자신의 경험을 설명해 주는 신학을 만나지 못했다. 사실 이 책을 읽고 서구인에게 비칠 한국인의 여성상은 지금 현실의 한국 여성을 전혀 대변하지 못한다는 생각에 발제의 많은 부분을 현재 한국 여성의 경험을 설명하는 데 할애해야 했다. 저자는 자신의 신학이 서구 제국주의 백인 남성 중심의 신학을 답습한 것이 아니라 한국 여성의 경험에서부터 나오는 신학이라고 했는데, 한국 여성인 내 경험을 포함하여 내가 아는 다수의 한국 그리스도인 여성의 경험도 거기에는 없었다. 그렇다면 우리는 다 서구 제국주의 백인 남성 중심의 신학에 세뇌된 것일까? 그러니까 자기 경험을 읽는 눈을 상실할 만큼 그들의 언어에 세뇌되어서 그런 것일까? 여성 신학 입장에서는 그렇게 비판하겠지만, 여성 신학 자체도 서구의 시선에서 벗어나지 못하기는 마찬가지이다.

비서구 여성은 서구와 대면할 때 어느 정도 전형화된 비서구 여성의 재현된 이미지와 기대치 안에서 움직이게 된다. 서구인은 비서구인에게서 다름을 요구한다. 적어도 아시아 하면 무언가 아시아다운 게 있어야 하는 것이다. 인도와 힌두교에 푹 빠진 어느 백인 친구가, 서구 문화에 물들지 않은 진짜 인도인을 만나고 싶다고 한 적이 있는데, 이처럼 페미니즘, 탈식민주의 등을 다 공부한 여성도 결국 속으로는 무언가 자신들과는 '다른' 아시아를 기대한다. 그래서 아시아 여성 신학도 현경처럼 해야 흥미롭지, 나처럼 복음주의를 착실히 수업한 여성은 아시아 여성으로서의 고유성이 떨어진다. 심지어 실망하기도 한다. 서구 사회 모든 문제의 주범은 서구 기독교라고 만트라처럼 학계에서 외운 지가 오래되었기 때문에, 적어도 아시아에서는 반기독교적인 무엇을 찾기를 서구는 은근히 기대한다. 따라서 그러한 맥락에서 구성되는 아시아 여성 신학은 우리에게 다를 것을 기대하는 서구의 기대에 또다시 부응하는 것이다. 하지만 아시아 여성 신학은 이런 것이라고 이미 지식 생태계의 모양이 잡힌 상황에서, 이 신학을 내 것으로 받아들일 수 없는 아시아 여성인 나는 어디에 서야 하는가?

비단 나뿐만이 아니었다. 착실하게 교회에 다니면서 어떻게든 갈등 많은 결혼 생활을 유지하려 애쓰는 여성들, 기독교의 가르침이라 믿고 아이를 입양해서 키우면서 무보수 가사/육아 노동에서 나름의 의미를 찾는 전업주부 여성들, 복음을 위해 선교 단체에서 헌신적으로 활동하는 여성들 등 내가 속한 교회에서 만났던 다양한 여성들의 경험을 나는 아시아 여성 신학이라는 것으로 축소하고 싶지 않았다.

지난 3월 내가 있는 연구소에서 열린 워크숍에서 나는 여성들의 종교 경험을 페미니스트 정치 의제와 거리를 좀 두고 볼 필요성에 대해서 주장했다. 이러한 주장은 종교여성학에서 주류 관점은 아니지만 2000년대 이후로 꾸준히 제기되는 문제였다. 발표 후에 나는 왜 현경이나 강남순 같은 한국 여성 신학자들에게서 영감을 받지 않았느냐는 질문 겸 비판을 들었다. 그래서 나는 수업 시간에 했던 앞의 발제를 언급하면서, 그들의 신학은 내가 속한 공동체 여성들의 경험을 대변하지 못하기 때문이라고 대답했다. 지금까지 여성학은 여성들의 경험을 배제한 남성 중심 역사와 학문을 비판해 왔는데, 여성 신학이라고 하는 것마저 믿는 여성들의 경험을 다 담아내지 못한다면, 그러니까 그 이야기에서 나의 이야기를 찾을 수 없다면, 굳이 그것을 따를 이유가 무엇이겠는가.

공부를 위해 나를 고립시키기는 했지만, 그 시간 가운데 이처럼 내 공동체를 돌아보게 하는 사고 과정이 이어졌다. 그리고 궁극적으로 내 공부의 쓸모와 의미는 그 공동체의 필요에 기여하는 데 있다는 생각에 이르게 되었다. 줄리언도 테레사도 자신의 경험이 의미 있는 이유는 단지 그것이 하나님으로부터 왔기 때문이 아니라 그것을 통해 다른 그리스도인들에게 도움을 줄 수 있기 때문이라고 생각했다. 특히 앞 장에서 이야기한 줄리언과 같은 여성 은자는 자신이 속한 지역 공동체와 처음부터 공생 관계에 있었다. 자신이 속한 지역사회의 후원 없이는 생존할 수 없었기 때문이다.

수도 생활을 하는 이들이니 많이 먹을 일은 없었겠지만,

일손까지 두고 살아야 하는 이 생활은 경제적 후원 없이는 불가능했다. 가족이든 친구이든 지인이든 아니면 선의의 익명인이든, 이들이 아무런 노동도 하지 않고 기도에만 전념할 수 있도록 경제적인 면을 책임져 주어야 은자로 살 수 있었고, 이러한 경제적 후원은 은자가 지역사회에서 중요한 역할을 한다는 공통된 인식이 있었기에 가능했다. 실제로 이들이 기거하는 공간에는 창이 두 개 있었는데, 하나는 예배당 쪽으로 다른 하나는 길 쪽으로 나 있었다. 예배당으로 향한 창은 자기 거처를 벗어나지 않고 미사에 참석하기 위해서이고, 길을 향한 창은 기도를 부탁하러 찾아오는 마을 주민들을 위해서였다. 줄리언은 이들의 이야기를 듣고 영적 지도를 하고 기도도 해주었다. 이러한 사역이 자신의 기도 생활을 대체해서는 안 되었지만, 은자의 삶에서 중요한 사역이었던 것은 사실이다. 그런 면에서 은자의 삶은 사막으로 나가 개인의 금욕 생활에만 집중했던 4-5세기 교부나 교모들과는 달랐다.

내가 하는 연구가 줄리언이 담당했던 것 같은 그런 비중 있는 역할을 기독교 공동체에 한다고는 생각하지 않는다. 내가 그런 그릇도 아니거니와 시대도 그의 시대와는 너무 다르다. 그러나 고립된 공간에서 살되 자신의 공동체와

유기적 관계를 맺었던 줄리언의 삶은 향후 내 삶을 형성해 가는 데 좋은 비유가 되어 주었다.

2부

새롭게 알아 가는 종교의 세계

1

더 나은 것을 택한 여성들

고등학교와 대학을 막론하고 세상 재미없었던 과목이 역사이다. 내 관심사는 이 세상은 어떤 곳이고 그곳에서 나는 누구이며 세상과 나는 어떤 관계를 맺으며 살아가야 하는가였기 때문에 지금의 나를 설명해 주는 학문이 아니면 별 흥미를 느끼지 못했다. 그때까지 한국에서 배운 역사는 그것을 전혀 설명해 주지 못한 셈이다. 그런데 박사 공부를 하면서 만난 역사는 지금의 나를 이해하는 아주 좋은 안내자가 되어 주었다. 인생은 예측할 수 없다는 것을 또 한 번 경험한 셈이다.

꼭 개혁주의 전통에 있지 않다 하더라도 개신교의 시작이 종교개혁이기 때문에 개신교인에게 가장 중요한 역사는 종교개혁이고 가장 중요하게 손꼽는 인물은 마르틴 루터와 장 칼뱅이다. 초기 기독교 역사 중에서는 칼뱅이 많이 참조한 아우구스티누스 정도가 중요한 인물로 꼽힌다. 말하자면 개신교인에게 기독교 역사는 아우구스티누스, 그리고 그다음에는 거의 천년을 뛰어넘어 루터와 칼뱅만이 있을 뿐이다. 그 사이 천년의 역사를 개신교는 상실한 것이다. 물론 신학생들이야 두루 배우겠지만, 나 같은 평신도가 접할 수 있는 교회의 역사적 기억에 그 천년은 존재하지 않았다.

기억에서 사라진 것은 비단 그 천년만이 아닌지도 모른다. 성경으로 돌아가는 것이 종교개혁의 모토였던만큼, 그 후예들은 지금 시대와 성경 시대의 간극을 잊어버리고 자꾸만 성경 시대처럼 살아야 하는데 그렇게 살지 못한다는 한탄과 꾸지람만 듣는다. 한참 가정교회가 유행일 때도 그게 마치 초대교회의 모습을 회복하는 운동인 양, 그것만 회복하면 다 해결이 되는 것처럼 이야기들을 했다. 조선 시대 가정이 현대 한국의 가정과는 무척 다르다는 것은 쉽게 인식하면서 왜 성경의 가정과 지금의 가정이 다르다는 것은 쉽게 인식하지 못하는 것일까? 그런 면에서 우리가 잃어버린 것은 다만 천년이 아닌 2천 년의 역사적 기억인지도 모른다. 나의 두 번째 학기는 이 기억을 복구하는 학기였다.

우리 세대가 남편이 아내의 머리라는 구절에 크게 유념하지 않듯, 고린도전서에서 "나와 같이 그냥 지내는 것이 좋다"(고전 7:8)라는 바울의 권고도 그다지 괘념하지 않는다. 별 고민 없이, 우리는 "절제할 수 없는"(7:9) 연약한 사람이고, "하나님께 받은 자기의 은사"(7:7)가 독신은 아닌 사람이라고 빠르게 결론을 내린다. 혹 신심이 깊은 가톨릭 신자라면 개신교 신자보다는 조금 더 오래, 조금 더 진지하게 고민할 수 있다. 대학 시절, 안타깝게도 교통사고로 먼저 간 친구가 있었는데, 그는 독실한 가톨릭 신자로 신부가 될 생각을 하고 있었다. 개신교 신자인 나로서는 그러한 선택을 고려한다는 것 자체가 다소 신비로웠다. 그거야말로 반문화적 선택 아닌가. 아내를 거느린 가장이 아니면 어른으로 인정받지 못하는 한국 사회에서 말이다. 여성의 경우에 먹고 살길을 위해 결혼하기도 하는데, 그것을 책임져 주는 종교 집단이 있어서 독신을 택할 수 있다면 제법 괜찮은 것 아닌가. 그런데 이미 종교가 별세계가 되어 버린 현대 사회에서 그 길이 그다지 매력적이지 않다는 게 문제이다. 가톨릭 신자였던 또 다른 친구는 오랫동안 독신으로 지냈는데, 주변에서 수녀의 길을 권하자 "저는 맨날 똑같은 옷만 입고 살고 싶지 않아요"라고 답했다고 한다. (바티칸 2차 공의회 이후 수녀들도 평복을 입는 경우가 늘었지만, 나라나 수도회에 따라서 차이가 있다.) 세상과 교회의 구분이 그만큼 흐려진 사회에서 개인의 욕망은 그 어느 때보다 긍정의 대상이 되었고, 친구의 답변은 그것을 잘 반영하는 재치 있는 답변이었다.

그러한 사회에서, 그리고 일상적 인간의 생활을 훨씬 더 긍정하는 쪽으로 변한 신학을 배운 사람으로서 나는, 개인의 욕구를 마다하고 지루하기 짝이 없을 것 같은 기도와 수도의 삶에 전념하기로 선택한 사람들을 이해하는 데 상상력이 좀 필요했다. 개신교에서는 주께 헌신했다고 할 때 그 방식은 주로 목사 아니면 선교사인데, 이들은 일반인과 같이 결혼도 하고(그러니까 성생활도 하고) 자녀도 낳고, (물질에 대해 조금은 더 절제하고 조금은 부족하게 살지 몰라도) 전반적으로 세상과 크게 다를 것 없이 육체를 긍정하는 삶을 산다. 이러한 전통에 오랫동안 속해 있었기 때문에 기독교 초기 역사의 여성들에 대해서도 대략 이러한 삶의 모습을 상상했었다. 그런데 초기 기독교가 택한 반문화적 길은 로마의 귀부인 모델에서 순결한 처녀의 모델로 여성의 이상형을 바꿔 놓은 것이었다.

섹스를 하지 않는 성인은 문제가 있거나 미숙한 성인이라는 인식이 팽배한 사회에서, 특히 여성의 처녀성을 비정상적으로 숭배해 온 한국 사회에서 이 순결한 처녀 모델은 여성을 임파워하는 모델이기보다 오히려 더 무력하게 만드는 모델일 수 있다. 그러나 그 당시 여성들의 삶을 들여다보면 전혀 그렇지가 않음을 알 수 있다.

기독교 첫 천년사를 공부하면서 나는 교회 안에서 여성의 역할이 달라지던 2-4세기에 관심이 갔고, 그중에서도 처녀 과부virgin widow의 존재에 관심이 갔다. 꽤 오래된 우스갯소리로, 처녀는 처음 하는 여자, 아줌마는 아주 많이 한 여자, 할머니는 할 만큼 한 여자라는 소리가 있었다. 물론 여성 비하가 담긴 말이고, 우리의 문화적 맥락에서 이 말은 처녀에서 할머니로 갈수록 여성의 가치가 떨어지는 것으로 해석이 된다. 이처럼 처녀성에 집착하는 한국 사회에서 자랐기 때문에 성적 순결이라고 하면 자동으로 성적 무경험과 연결이 되었다. 그러나 기독교 초기 역사에서 말하는 성적 순결은 성적 무경험, 곧 물리적 처녀성을 일컫기보다는, 처녀성 여부와 상관없이 스스로 성관계를 갖지 않기로 결심한 상태를 의미했다.

조금은 말장난같이 들릴 수 있지만, 실제로 이것은 엄청난 차이가 있다. 요즘 말로 하면, 일종의 성적 자기 결정권이다. 즉, 오늘날에는 성적 자기 결정권이 언제 어떠한 방식으로 성관계를 할지를 결정할 권리를 의미한다면, 그 당시에는 내가 더 나은 것을 위해 성관계를 하지 않겠다고 스스로 결정할 권리를 의미했다. 나는 이런 면에서 종교적 상상력을 잃어버린 사회는 인간의 선택과 결정에서 참 많이 빈곤해진 사회라고 생각한다. 지금 우리로서는 그 '더 나은 것'의 실체가 모호하기도 하거니와 우스워져 버렸기 때문이다. 무슨 대단한 일을 할 거라고 섹스를 안 하느냐는 말을 듣기 십상이니 말이다.

기독교 역사에서 물리적 처녀성을 중요시하기 시작한 것은 4세기 무렵부터인데, 타락한 세상과 영적 구원의 세계 사이에 서 있는, 아무것과도 섞이지 않은 순결한 상태의 몸은 죄로 전락하는 것을 막아 주는 일종의 방패막 같은 것을 상징했다. 남자의 경우에 그 처녀성은 성직으로 나아가는 길이 되어 주었지만, 여성에게 처녀성은 타락한 세상에 맞선 순결함 그 자체를 상징하게 되었다. 그래서 성직에서도 배제되고 수도원에서 기도하는 생활만이 남게 된 것이다. 그러나 그렇게 제도가 정착되기 이전에는 남자건 여자건 금욕 생활과 수도의 목적은 몸의 한계를 넘어 신에게 더 가까이 가기 위한 것이었다. 그래서 내 몸이 아무런 성적 접촉 없이 순결한 것 자체보다는, 몸의 욕망을 다스려 영적 세계로 들어가는 게 더 중요했다. 2-4세기는 이처럼 더 나은 세계로 가기 위한 여러 실험 방식이 공존하던 시기였다.

일찍이 성경에서 예수님은 마리아가 좋은 편을 택했으니 뺏기지 않으리라고 말씀하셨다(눅 10:42). 일상에 매인 마르다와는 달리, 마리아는 기도에 전념하는 수도의 삶을 사는 여성으로 많이 상징되었는데, 오랫동안 여성들은 신학 교육을 받을 수 없었기 때문에 오늘날 우리가 흔히 상상하는 말씀을 배우는 자리보다는 기도하는 자리로 해석하는 게 더 적합했기 때문일 것이다. 이처럼 기도에 전념하는 성경의 이 첫 수도자들은 디모데서가 언급하는 과부들이었다고 학자들은 말한다. 디모데서에서는 교회의 후원을 받을 과부의 자격을 짧게 언급하는데, 이 과부 명부는 단지 구제 대상 관리 명부에 그치지 않고 교회 안에서 분명한 역할이 있는 직분으로 발전했다. 예를 들어, 터툴리아누스의 교회에서는 과부들이 감독, 장로, 집사들과 나란히 맨 앞에 앉을 수 있었다고 한다. 이들은 기도만 하는 것이 아니라 때로는 말씀도 가르치고 교인들을 상담하고 충고하는 역할도 했다. 이 과부들은 또한 좋은 집안 출신에 상당한 재력가들인 경우도 있어서, 교회 확장과 수도원 운동에 중요한 역할을 했다.

이러한 과부들은 사별 후 재혼을 택하는 대신 수도의 삶을 살기로 결의한 여성들이었지만, 아직 결혼하지 않았는데도 과부의 길을 택한 여성들도 있었다. 대표적 여성이 니사의 그레고리우스의 누이인 마크리나Macrina이다. 그는 약혼한 상태에서 정혼자가 사망하자 다른 정혼자를 찾는 대신, 약혼은 이미 결혼을 전제한 것이니 자신을 결혼한 사람으로 보고 이제 사별한 과부로서 여생을 살겠다고 결의했다. 말하자면 처녀 과부가 된 셈이다. 더 나아가서 자기 집안 전체를 수도원으로 만들어 버렸다. 이 처녀 과부들의 존재는 교회 안에서 직분으로 자리 잡은 원조 과부들과 다소 갈등을 빚었다. 결국 나중에 여자 집사의 직분이 등장하면서 과부들이 교회에서 하던 역할을 흡수했고, 물리적 처녀성이 강조되면서 수도의 길을 걷기로 한 여성들은 다 수도원으로 들어가 버렸다. 그러면서 과부라는 직분도 사라졌다.

내가 처녀 과부에 관심을 가진 이유는, 더 나은 것에 대한 이들의 신념과 그것을 위해 자기 삶의 방식을 조율할 줄 알았던 창의력 때문이다. 심지어 남편이 멀쩡히 살아 있는데도 자신은 과부라고 칭하고 금욕 생활을 하는 경우도 있었다. 물론 이러한 수도와 기도의 삶이 모든 신분의 여성이 택할 수 있는 길은 아니었다. 어느 정도 경제적 여건이 뒷받침되어야 했고, 개인적 독립성도 있어야 했다. 결혼하지 않은 여성은 아무래도 그만한 독립성을 갖기 어려웠고, 아버지의 결정에 많은 것이 달려 있었다. 그러나 일단 결혼을 한 번 한 여성은, 남편과 사별하고 나면 조금 더 독립적으로 움직일 수 있었다. 마크리나는 아버지나 남편 그 어느 남자에게도 매이지 않고 더 나은 삶에 전념하기 위해서, 정혼한 상태를 이미 결혼한 것으로 치자고 하고, 사실은 처녀이지만 과부를 자청하는 자기 결정권을 행사했던 것으로 볼 수 있다. 자기 결정권이라는 말은 사실 근대 이후에나 적합한 표현이기는 하지만, 조금 더 그들의 시대에 다가가는 상상력을 발휘하기 위해서 써 봄 직하다.

이들이 택한 더 나은 삶에 필적하는 현대의 모델은 수녀 아니면 여자 전도사나 목사일 텐데, 가톨릭은 잘 몰라도 일단 개신교에서 신학을 전공한 싱글 여성 사역자는 그렇게 긍정적 이미지가 아니라서, 과거의 이 여성들이 택한 삶의 가치가 그렇게 와닿지 않을 수 있다. 그러나 계몽주의 시대

이전까지 종교가 한 역할을 생각해 보면 생각이 좀 달라질 것이다.

사회학자 피터 버거Peter Berger는 《신성한 덮개The Sacred Canopy》에서 인간만이 유일하게, 세계가 주어지는 생물이 아니라 세계를 만들어야 하는 생물이라고 했다. 동물은 그냥 자기에게 주어진 방식대로 살면 되지만, 인간은 생물학적 탄생과 더불어 자신이 기거하는 세상을 이해하고 거기에 의미를 부여하는 작업을 해야 비로소 자신이 기거하는 세계가 탄생한다는 것이다. 그렇게 탄생한 세계, 혹은 세계는 이러한 것이라고 상정된 법칙의 세계는, 실제로 그렇게 존재한다고 상정되는 코스모스와 가능한 마찰이 없어야 하고, 그래서 세상은 원래 그런 것이라고 당연하게 받아들여져야 성공적으로 세계가 만들어졌다고 할 수 있다. 그래야 안정적으로 생활할 수 있기 때문이다. 그리고 이렇게 자신이 태어난 세상의 방식을 자연스러운 것으로 받아들이게 해 주는 과정이 바로 사회화이다. 나아가서 버거는 그 세상의 방식을 최대한 안정적으로 만들어 주는 것이 종교라고 말한다.

이것은 종교가 이 세상의 방식을 정당화하는 역할을 해 왔다는 뜻이기도 하지만, 만들어진 세계의 특성상 그 안정성을 위협하는 여러 가지 경험, 곧 죽음, 자연재해, 질병에서부터 감정적 동요와 꿈에 이르기까지, 우리를 불안하게 만드는 여러 경험과 언제든 맞닥뜨릴 수 있는 상황에서 '왜'라고 묻는 사람들에게 그 이유를 설명해 줌으로써 혼돈에 빠지는 것을 막아 주고 안정감을 되찾게 해 주는 역할을 해 왔다는 뜻이기도 하다. 그러니까 한편으로는 종교가 왕권신수설처럼 군주제를 정당화하는 역할을 했다면, 다른 한편으로는 어린 자녀를 잃거나 전염병으로 많은 지인이 죽어가는 일을 당할 때, 줄리언이 받은 계시처럼, 만사가 하나님의 선한 손에 있으니 결국은 다 잘될 것이라고 말해 주어서 존재의 붕괴를 경험하지 않고 살아가게 해 주는 역할도 했다는 것이다. 그런가 하면 이 세상이 존재하는 궁극적 의미도 종교가 부여해 주었다. 그런데 근대로 들어오면서 이러한 종교의 역할은 많은 부분 과학이 담당하게 되었고, 그래서 우주를 덮고 있던 신성한 덮개는 걷히게 되었다는 게 버거의 요지이다.

그러나 그 덮개가 걷히기 전, 종교는 철학이나 과학과 분리되어 있지 않았다. 종교는 그것들을 아우르며 세상의 이치를 설명해 주고, 세상과 나의 관계를 설명해 주고, 나아가서 세상의 궁극적 의미를 설명해 주는 큰 틀이었다. (사실

동방정교회 신학자 데이비드 벤틀리 하트David Bentley Hart는 과학의 수호자인 갈릴레오와 과학에 반대하는 교회의 대결이라는 그림도 만들어진 역사라고 말한다.) 그러한 사회에서 이 여성들이 더 나은 삶, 기도에 전념하는 수도의 삶을 택했다는 것은, 오늘날 여성 철학자나 과학자처럼, 세상의 본질을 규명하고 그 안에서 나의 자리를 찾는 길을 택한 것과 별반 다르지 않다. 이들이 기도에 전념했다고 해서 단순히 맨날 기도문만 외운 게 아니다. 이들은 성경을 읽거나 들었고, 생각했고, 당대의 주요 남성 신학자들과 대화했고, 수단이 되면 글도 썼다.

다음 장에서 좀 더 자세히 풀어 가겠지만, 이렇게 종교의 세계를 가만히 들여다보면 과연 종교가 여성 억압의 주범인지 한 번쯤 의심하게 된다. 내가 거듭 강조하는 것은, 하나님이라는 공통 언어를 가지고 있고 그 하나님의 뜻이 중요하다고 인정하는 공동체는 하나님의 뜻을 따르려는 여성들에게 관대할 수 있다는 것이다. 그 뜻을 따르는 과정에 왜 시행착오가 없겠는가. 기독교 초기에 수도의 길을 걸었던 여성들은 한때 유사 결혼pseudo-marriage이라고 볼 법한 것('쉬네이사크토이syneisaktoi', "한집에 거하게 된 사람들"이라는 뜻의 그리스어)도 실험했다. 이는 같은 수도의 길을 걷는 남성과 동거를 하는 것인데, 교회의 금지가 곧 뒤따르기는 했지만, 이들은 성생활을 하지 않음으로써 자신의 몸이 남성의 몸과 같아졌다고 생각했고, 그래서 남성과 완전히 동등하게 마치 자매처럼 수도를 위해 동거해도 문제가 되지 않는다고 생각했다. 아무래도 가족 중심 사회였던 만큼, 남자의 보호와 여자의 가사 노동이라는 적절한 성별 분업으로 서로 혜택을 줄 수 있는 관계이기도 했을 것이다. 물론 작정하고 유혹거리를 곁에 두는 위험한 실험이긴 했지만, 그러면서 뭐가 되고 안 되는지를 배우는 것 아니겠는가.

기독교를 통해서 로마 사회에 독신 모델이 처음 생겨나던 시기이니 이러저러한 실험이 불가피했을 것이다. 성경은 다양한 사람이 모이는 교회에서 일어날 수 있는 여러 가지 문제, 그리고 첫 사도들이 전하고자 하는 복음이 정확히 어떤 것인지 몰라서 교회들이 겪은 오류와 실험들을 다루고 그에 대한 바람직한 지침들을 제시하고 있다. 기독교 역사가 이미 2천 년을 넘은 시대에 그 성경을 손에 쥐고 있는 우리로서는 이러한 실험들이 아주 낯설게 느껴질 수 있다. 그러나 새로운 종교, 앞으로 전 세계로 뻗어 나갈 종교가 탄생하고 자리를 잡아 가던 시기에 이 여성들이 택했던 삶의 방식은, 기독교라는 종교를 통해서 이 세상에 거하는 자신의 의미를 발견한 여성들이 취했던 대범하고 용감한,

참으로 기개가 넘치는 선택이 아닐 수 없다. 역사적 원천을 이렇게 따져 가면서 나는 잃어버린 역사적 기억뿐만 아니라 종교의 세계도 새롭게 알아 가기 시작했다.

2

근대의 기회, 근대의 박탈

우리 가족은 내가 초등학교 4학년을 마친 후에 영국으로 갔다가 중학교 3학년 때 귀국했다. 흔히 외국에서 산 사람은 자신이 한국을 떠날 때의 시점으로 고국에 대한 기억이 고정된다고 한다. 예를 들어, 1970년대에 미국으로 이민을 떠났다면 그의 기억은 1970년대 한국에 고정되어 있어서 계속 한국에 산 사람보다 오히려 더 생각이 보수적인 경우도 있다. 나도 비슷해서, 내 기억 속 한국은 한국을 떠난 시점인 초등학교 4학년에 고정되어 있었다. 그때가 초등학교 시절 중 제일 재미있었던 시기이기도 했다. 일곱 친구가 칠공주를 구성해서 정말 세상을 다 가진 듯이 신나게 놀았다. 내 생애 처음 성적이 떨어진 것도 그때였다. 반에서 1등을 하던 친구도 우리 그룹에 속해 있었는데, 1등과 2등이(내가 2등이었다) 나란히 성적이 떨어져서 둘 다 적잖이 충격을 받기도 하고 선생님의 꾸지람도 들어야 했다. 그래도 우리는 학년 말까지 계속 붙어 다니며 돈독한 우정 관계를 유지했다.

아이가 4학년으로 올라갈 때 아이를 두고 미국으로 유학을 떠났다. 아이가 학교가 너무 좋고 친구도 좋아서 자기는 가고 싶지 않다고 했을 때 나는 그 심정을 이해했다. 나야 온 가족이 떠나는 거라 선택의 여지가 없었지만, 해외 생활 경험으로 인해 그 후 거의 20년간 경계인으로 힘들게 살아야 했던 내 과거로 미루어 볼 때 아이에게 그 생활을 강요하고 싶지 않았다.

여하튼 그렇게 재미있었던 4학년 때 경험에 기억이 고정된 채 한국에 돌아온 나는 크게 충격을 받았다. 모든 것이 내가 기억하는 것과는 너무 달랐다. 그 충격이 제법 커서 김포 공항에 내리는 순간부터 후회했다고 표현하곤 했는데, 정말이지 잔디가 어디에나 깔려 있어 사시사철 푸른 느낌인 영국에 반해 비행기가 착륙할 때 창밖으로 내다본 황량한 벌판 같던 김포 공항은 내가 정겹게 뛰어놀던 학교 운동장의 정서를 전혀 환기시키지 못했다.

해외에서 살다가 한국으로 귀국하는 주재원 가정 자녀들은 다들 공부와 학교생활을 걱정한다. 내가 경험한 귀국 후 한국에서의 첫 1년은 사산 경험 다음으로 내 생애에서 가장 힘든 시간이 되었다. 고등학교에 올라가서도 힘든 요소가 있었지만, 그때는 대학 입학이라는 목표가 더 뚜렷한 시기라 내가 여기를 탈출하리라는 심정으로 공부에만 매진했기 때문에, 그리고 행복은 성적순이라고 믿는 학교 문화 덕분에, 그나마 약간은 보호를 받으며 다닐 수 있었다. (이때 경험한 또래 여학생들의 시기심은 나중에 여성학과에서 정신분석학 수업을 들으면서 표면으로 올라와 잠시 나를 울컥하게 했다.)

요즘 젊은이들이 '헬조선'이라는 말을 많이 쓰지만, 그때가 내게는 헬조선 시절이었다. 한국으로 돌아갈 때 다들 우려하는 학업, 학교 분위기 등은 그 생활을 직접 감당해야 하는 주재원 자녀들이 선택의 여지 없이 던져지는 환경이었다. 요즘은 선택 폭이 다양해져서 국제 학교도 보내고 아니면 아예 현지에 두고 오기도 하지만, 1980년대 중반에는 그런 선택이 가능하지 않았다. 게다가 나는 서울도 아닌 울산에서 학교를 다녔기 때문에 문화적 간극이 더 클 수밖에 없었다. 가끔 이때 이야기를 꺼내면 위계적·강압적·경쟁적 문화를 전혀 경험해 보지 못한 미국 친구들은 경악한다.

심지어 나는 체벌까지 경험했으니, 어떻게 말하느냐에 따라서 한국은 정말이지 살지 못할 나라가 될 수도 있었다.

그러한 시선은 아직도 머리에 베일을 쓰고 다니는 무슬림 여성들에게도 향한다. 류터 교수 수업 시간에 어떤 백인 여성이 터키에 다녀온 이야기를 하면서, 그곳 여성들은 여전히 머리에 베일을 쓰고 다닌다며 아직 해방을 경험하지 못한 그곳 여성들을 안타까워하는 투로 말했다. 나중에 조금 더 자세히 다루겠지만 베일에 대한 담론은 매우 정치화되어 있는데, 여기에서 내가 말하고 싶은 것은, 나로서는 상상할 수 없는 사회에 사는 여성과 그 사회가 자기 집인 여성 사이에 존재하는 간극이다. 공부를 마치고 미국에 남을 길을 찾지 않고 귀국하는 나를 걱정하는 백인 친구가 있었다. 나에게서 언뜻언뜻 한국 이야기를 들은 친구는 한국과 같은 가부장 사회로 내가 돌아가려 하는 것을 잘 이해하지 못하고 걱정했다. 일단은 일본으로 간다고 하니 어쩐지 모르게 조금 안심한 듯했지만, 이 친구의 반응은 서구 중심의 제국주의를 비판하는 입장과 그럼에도 여전히 서구 여성들이 동양의 가부장제 속에서 사는 여성들보다는 형편이 더 낫다고 생각하는 암묵적 가정이 혼재하는 상태를 잘 보여 준다.

'도대체 그런 곳에서 어떻게 산대?'라는 반응은 계몽주의를 거친 서구 사회가 중세를 암흑기로 바라보면서 '어떻게 그런 종교적 무지몽매 상태로 사람들은 살았대?'라고 하는 반응과 상통한다. 내가 자주 언급하는 제임스 터너 James Turner의 《신도 없이, 신조도 없이 *Without God, Without Creed*》는 미국 사회에서 무신론이라는 상상이 가능해진 역사적 과정을 종교개혁까지 거슬러 가면서 설명한 책이다. (섬너의 책만큼 읽기 쉽지는 않겠지만, 영어 독해가 된다면 이 책도 일독을 권한다.) 앞에서 피터 버거의 세계 만들기 world building라는 이론을 설명했는데, 엄밀히 따지면 이 물리적 세계는 예나 지금이나 자신의 법칙대로 그냥 존재하고 있고, 달라진 것은 그 세계와 우리가 관계하는 방식이다. 콜럼버스는 신대륙을 발견했다고 생각했지만, 그것은 그동안 그 대륙의 존재를 몰랐던 그의 관점이고, 그 대륙은 유럽 대륙만큼이나 오랫동안 거기에 있었다. 그러나 그 대륙의 발견으로 서구의 상상력은 바뀌었고, 세상과 관계하는 방식도 바뀌었다. 마찬가지로, 무신론이 생겼다 해서 신이 사라진 게 아니라 이 세계를 상상하는 전에 없던 방식이 생겨난 것인데, 터너는 어떻게 그러한 상상이 가능해졌는지를 역사적으로 추적한다. 말하자면 버거가 말하는 신성한 덮개가 걷히는 역사적 과정을 미국 사회를 중심으로 설명한 셈이다.

그런데 그렇게 덮개가 걷히는 과정에서 종교는 무지몽매한 자들, 계몽되지 않은 시대에 살던 사람들, 혹은 현대에도 아직 계몽되지 않은 사람들이 쫓는 것으로 재현되었다. 그래서 개신교는 종교개혁 이후, 이렇게 종교에 대한 시선이 변하는 근대 사회와 부지런히 발맞추려 했고, 자신의 종교를 계몽하려고 노력했다. 그리고 아직도 교황의 절대 권위를 믿고 성체를 받는 가톨릭 신도들을 의심스럽게 바라보았다. 그러면서 생긴 한 가지 신화는 종교개혁이 가져온 전반적 변화는 여성에게도 이익이 되었다는 것이다. 인권과 평등사상을 가장 잘 구현하는 종교로 자리매김한 개신교는 종교개혁으로 여성도 그러한 진보적 가치의 혜택을 누리게 되었다는 암묵적 가정을 하게 된 것이다.

일례로, 종교개혁자들은 신자들이 성경을 직접 읽는 것이 중요하다고 생각했기 때문에 여성을 포함해서 누구나 기본 문자 독해 실력을 갖추게 하려 했다. 수녀원에 입소할 수 있는 정도의 경제력을 갖춘 집안 출신 여성들이 누릴 수 있는 특혜였던 문자 해독의 기회를 더 많은 여성에게 허용한 것은 분명 바람직한 진전이다. 그러나 그 이상의 진전은 사실상 없었다. 성경을 읽을 수 있게 되었을지는 모르지만, 그렇다고 목사가 될 수 있는 것은 아니었기 때문이다. 오히려 여성들에게 보장되었던 종교적 공간과 지위를 상실함으로써, 매우 불리한 조건에서 이미 남성을 기준으로 정의되고 재편된 공적 공간에서 자신의 가치를 입증해야 하는 여성들의 힘겨운 싸움이 시작되었다.

2017년에는 종교개혁 500주년을 맞이하여 종교개혁과 루터에 대한 책들이 쏟아져 나왔다. 복있는사람 출판사에서 린달 로퍼Lyndal Roper의 《마르틴 루터 평전Martin Luther》의 번역을 준비한다는 소식을 듣고 나는 로퍼 교수의 첫 책이 번역되지 않은 게 무척 안타까웠다. 종교개혁 수업 시간에 그 첫 책을 발제한 적이 있는데, 그 책이 바로 종교개혁과 여성의 관계에 대한 주장을 뒤집는 책이었기 때문이다.

《거룩한 가정The Holy Household》이라는 제목의 이 책은 종교개혁으로 거듭난 독일의 아우쿠스부르크에서 1537년 이후로 일어난 일을 길드와 가정을 중심으로 살펴보는 책이다. 저자의 요지는 교회를 벗어난 성스러움이 도시로 들어오자 남편의 부권이 강화되면서 가정이 더 가부장적이 되었다는 것이다. 만인제사장설로 요약되는 종교개혁의 모토는 성직의 특권을 거부하고 모든 속직에 성직과 같은 가치를 부여하는 동시에 일반 신자에 대한 거룩함의 기준도 높여 놓았다. 성과 속의 구분을 없애자는 게 (오늘날 보이는 움직임과는 달리) 성을 속의 기준으로 끌어내리자는 것은 아니었기 때문에, 일상에 대한 도덕적 규범이 더 엄격해질 수밖에 없었다. 그리하여 수사복을 벗은 루터도 결국 가정의 아버지가 되고 머리가 되었듯, 교회에서 신부father들이 하던 일이 가정의 아버지father들에게 그리고 나아가서 그들을 관리하는 시민사회 지도자들에게로 넘어갔다. 그렇게 아우쿠스부르크의 개혁가들은 자신들이 맡고 있는 도시의 아버지 역할을 자처하여 시민들의 훈육과 윤리를 담당하고 필요하면 강제력도 행사했다. (국가가 하는 역할이 곧 아버지의 역할이라는 말은 이 시민사회 지도자들이 하던 아버지 역할이 국가로 확장된 것이라고 보면 된다.)

이 개혁가들은 길드의 주인이자 가정의 아버지라는 지위에 신성한 의미를 부여하고 가장들이 그 신성한 지위에 부합하는 행실을 갖추도록 독려했지만, 그들을 그러한 수준으로 끌어올리는 일은 쉽지 않았다. 결국 이상적인 거룩한 가정의 모습은, 그 기대에 부합하는 모습으로 가정을 이끌지 못하는 남자들의 무능력을 드러내고, 세속 가치로도 영적 가치로도 해결할 수 없는 혼란을 가정생활에 가져오기에 이르렀다. 그러나 그만큼 쉽게 무너지는, 지키기 어려운 이상이었기에, 더욱더 이상으로서 흠모할 만한 것이 되었다고 저자는 주장한다.

이것은 말하자면 개신교의 딜레마이다. 그동안 교회가 세상을 덮는 신성한 덮개 역할을 해 주었는데, 그 신성함을 대변하는 기관이 사라지고 일반 가정과 사회에 그 역할이 주어졌을 때 신성함을 유지하는 일은 훨씬 더 위태로워지는 것이다. 물론 이러한 딜레마가 가톨릭에도 전혀 없지는 않다. 개신교에서 가정의 신성함을 강조하고 성직의 길에 들어서지 않은 범인들의 삶에 종교적 가치를 부여하자, 가톨릭에서는 그동안 잊혔던 요셉의 존재를 부각하고 성가정을 탄생시켰다. 가톨릭도 어느 정도 일반 가정의 아버지에게로 제사장직을 이전한 셈이다. 게다가 오늘날 계속해서 불거지는 가톨릭 신부들의 성추행과 가톨릭 성직자들의 결혼 추진 움직임은 성스러움의 표지를 몸에 지니는 일이 갈수록 힘들어지고 있음을 시사한다. 섹스가 너무 중요하면서도 너무 대수롭지 않은 것이 되어 버린 사회에서, 오염되지 않은 몸으로 표상되는 거룩함을 지킨다는 게 쉽지는 않은 것이다.

그러나 내가 가톨릭의 한 가지 장점이라고 느끼는 것은

그들이 고수한 성례이다. 성례 덕분에 종교의 테두리가 유지되고, 그래서 가톨릭이라는 큰 우산을 벗어나지 않고 다양한 신학적 실험도 가능하다고 나는 생각한다. 성경이라는 책 자체보다 성례가 종교적 정체성을 유지하는 방법이 되면, 성경에 대한 해석이 다양하다 해도 한 성례로 모일 수 있다. 그러나 개신교는 성경이라는 책으로 종교적 정체성을 응집해 놓았기 때문에 성경에 대한 견해가 다르면 같이 성찬을 할 수 없다. 게다가 성경 자체를 해체해 놓으면 자기 종교의 정체성도 와해되고 만다. 자유주의 기독교가 지금 향하고 있는 길이 바로 그것이다. 인권을 위한 싸움밖에 남지 않은 교회는 꼭 교회일 필요가 없다. 법당이어도 되고, 집회장이어도 되고, 요가 교실이어도 된다.

반면에, 요즘 욕을 잔뜩 먹고 있는 보수 기독교가 자기 종교의 테두리와 정체성을 지킬 수 있는 이유는 어느 정도 성경 자체를 고수하기 때문이다. 성경으로 자신의 종교적 정체성을 응집한 개신교가 종교로서 생존하려면 역시 성경 자체를 거룩하게 여기는 길밖에 없기 때문이다. 그래서 그 거룩함이 어떠한 식으로 표상되어야 하는가에 대해서는 조금 더 창의적 논의가 필요할 것이다. 나는 신학자가 아니니 그 작업이 내 본업은 아니지만, 얼마 전 작고한 미국 장로교 목사 유진 피터슨Eugene Peterson의 책을 여러 권 번역하면서 배운 것이 있다. 그는 성경의 언어를 일상 언어로 번역하고, 자신의 존재와 행위가 이원화되지 않는 삶을 주장하고, 종교적 잡담으로 전락하는 언어를 경계했지만, 그 모든 작업을 자기 종교의 테두리를 벗어나지 않으면서 했고, 신비의 영역을 계속해서 환기시킴으로써 평면적 종교로 전락하는 것도, 세상으로 환원되는 것도 피해 갔다.

성과 속이 가시적 건물과 제도로 구분되는 것을 해체해 온 개신교이기에 성이라고 지칭할 수 있는 신비의 영역을 지키는 게 더 어려울 수 있다. 그래서 더 강경하고 경직된 태도가 나올 수도 있다. 이러한 부작용을 감수하고라도 종교의 테두리를 지키는 일은 중요하다고 생각한다. 교회 역사에는 씻기 어려운 잘못과 함께 쉽게 버릴 수 없는 자원도 풍부하기 때문이다. 교회의 잘못이란 것도 결국 인간의 잘못이니, 그래도 가끔씩 의미 있는 일도 하는 인간들이 보여 준 다른 세상에 대한 소망들을 풀어 갈 장을 다 걷어차기보다는 선한 방향으로 움직이게 같이 독려하는 게 더 낫지 않겠는가.

흔히 종교의 무지몽매함에서 계몽으로 나아가게 한 기

점으로 여기는 르네상스와 그 이후에 따라온 근대 사회가 여성에게 동일한 혜택을 가져오지 않았다는 것은 이제 정설로 자리 잡았다. 지금까지 페미니즘은 여성에게 동일한 혜택이 돌아오지 않은 근대의 문제를 지적하면서, 한편으로는 같은 혜택을 누리게 하는 방향으로, 다른 한편으로는 같은 혜택을 누리지 못하게 하는 구조 자체를 문제 삼으면서 성장했다. 그리고 어떠한 방향의 접근이든 궁극적으로는 여성이 스스로 선택할 권리를 주장했다. 하지만 그 여성들이 더 많은 자유와 권리가 아닌, 얼핏 보기에 계몽주의 이전 시대로 돌아가는 것 같은 선택을 할 때는 그 선택을 옹호하지 못했다. 엄마는 딸을 생각하며 열심히 페미니즘 운동을 했는데, 딸은 그러느라 집에 부재했던 엄마가 싫어서 나중에 오히려 더 착실한 가정주부가 되었을 때, 그 엄마가 느끼는 배신감 같은 것이라고나 해야 할까. 심지어 여성들이 새롭게 종교를 경험할 수 있는 여성주의 종교까지 개척해 놓았는데 전통적인 젠더 관계를 강화하는 것으로 여겨지는 보수주의 종교를 박차고 나오지 않고 오히려 그것을 지지하는 여성들은 눈엣가시가 아닐 수 없다.

학자들은 계몽주의 이후로 차차 종교는 사라질 것이라고 생각했지만, 21세기에 들어서도 여전히 건재한 종교를 보면서 세속화 자체도 시대를 읽는 하나의 방식으로서 구성된 것이지 실제로 세속화가 진행된 것은 아니라는 주장들이 나오게 되었다. 그래서 피터 버거도 세속화 이론을 폐기하고 다원화라고 정정했다. 그리고 이 다원화 시대에 종교는, 심지어 보수 종교는, 여전히 여성들에게 어필하고 있다. 이러한 현상은 학자들에게 관심의 대상이 될 수밖에 없는데, 《왜 여자가 남자보다 더 종교적일까? *Why are Women more Religious than Men?*》라는 책에서 저자들 Marta Trzebiatowska and Steve Bruce은 몇 가지 요인을 꼽고 있다.

그중에서 중요한 요인 한 가지는 일단 아무리 성평등이 이루어졌다 해도 출산할 수 있는 몸을 가진 쪽은 여성이라 그 경험이 여성을 종교로 이끄는 중요한 매개가 된다는 것이다. 생명의 탄생은 오래전부터 종교의식과 결부되어 있었을 뿐만 아니라, 심지어 종교적이지 않은 여성이라 하더라도 많은 여성은 임신과 출산 경험에서 세상의 언어로는 다 설명하기 힘든 무언가 특별한 것을 경험한다. 나아가서 아빠보다는 엄마가 자녀의 초기 사회화를 주로 담당하는 현실에서, 아빠가 유난히 종교적이지 않은 한에는 자기 문화의 종교적 전통과 가치를 전수하고 가르치는 것은 엄마 몫이 된다. 대부분의 사회에서 병자나 죽음에 임박한 자에 대한 돌봄 노동도 여성들이 주로 담당한다. 말하자면, 피터 버거가 말하는 만들어진 세계의 안정성을 위협하는 경험들에 여성들이 더 가까이 있다는 말인데, 한편으로는 아이의 초기 사회화를 담당하고, 다른 한편으로는 아이를 사회화시켜 내보내는 그 세계의 불안정성도 동시에 경험하는—사실 그 아이마저도 쉽게 잃을 수 있을 만큼 세상은 불안정하다—여성들은 이 우주를 덮고 있는 신성한 덮개의 존재와 그것의 의미 부여 기능에 더 의존할 수밖에 없다. 이 세상은 예기치 못한 일로 가득하지만, 그래도 하나님이 너를 돌봐주시리라는 믿음을 아이에게 심어 준다면 앞으로 아이가 불안해하지 않고 세상을 살아가는 데 중요한 자원이 되지 않겠는가.

또 한 가지 그 못지않게 중요한 이유는, 놀랍게도 세속 사회가 주지 못하는 것을 종교가 주기 때문이다. 흔히 보수 종교는 여성을 부당하게 억압한다고만 인식하는데, 가만히 들여다보면 보수 종교는 세상과는 다른 기준으로 남자들에게도 도덕성을 요구한다. 일단 성경만 보더라도 남편들에게 그리스도가 교회를 사랑하듯 아내를 사랑하라고 하지 않는가(물론 그 말씀을 잘 지키느냐 하는 것은 별개의 문제이다). 게다가 상호 복종하라고도 가르친다. 여자에게 주어지는 역할이 분명한 만큼, 남자들에게 요구되는 도덕성의 기준도 분명하다. 그러한 도덕적 기준을 배우며 자란 나는 여성학과에 처음 들어갔을 때, 여자에게 성적 자유를 허락할 게 아니라 남자에게도 동일하게 성적 순결을 요구하는 방법도 있지 않느냐고 했다가, 그게 말이 되는 소리냐는 반응을 접했다. 세속 페미니즘 입장에서 그것은 확실히 말이 되지 않는다. 지금까지 여성이 부당한 성 통제로 억압당한 세월이 얼마인데, 다시 과거로 회귀한단 말인가. 따라서 여성도 남성처럼 섹스로 인해 혼자만 감수해야 하는 위험 부담, 곧 임신에서 최대한 자유로운 상태에서 성적 자기 결정권을 가지는 것만이 진정한 해방의 길이다. 그러나 미국에서 불거진 미투 운동에서 보듯, 남자들이란 진보나 보수나, 배운 사람이나 안 배운 사람이나 할 것 없이 자기 지퍼 관리에 문제를 일으키는 존재들이라, 종교의 권위를 거부한 여성들이 종교의 권위를 받아들인 여성보다 과연 더 만족스러운 애정 생활을 하고 있는지는 의문이다.

늘 교회 안에 있던 사람과 달리, 완전히 다른 환경에 있다가 들어온 사람은 자기가 누리는 게 뭔지 더 잘 볼 수 있다. 여성이 남성보다 더 종교적인 이유를 연구한 이 연구서의 저자들은 제2의 물결 페미니즘이 막 시작되던 때에 자라 종교와는 무관하게 살던 여성들이 자발적으로 보수 종교를 찾아온 사례 연구를 언급하면서, 이들이 거기에서 찾는 장점들을 나열한다. 우선, 한 여자와의 관계에 헌신한다는 개념이 희박한 세상 남자들하고보다 더 안정적인 관계를 누릴 수 있다. 여성성의 가치도 인정해 준다. 또한 남녀 모두가 따라야 하는 절대 기준이 있기 때문에 상황에 따라 교회 밖 세상에서보다 오히려 여자가 더 많은 권한을 행사하기도 한다. 요구되는 도덕성의 기준이 분명하기 때문에 그 기준을 들먹이며 합법적으로 요구할 수 있다. 물론 미국의 사례라 한국의 경우와는 다소 차이가 있지만—한국의 경우에 대해서는 나중에 이야기할 것이다—요즘 한국의 미디어를 통해서 접하는 문화의 흐름은 점점 더 자유로운 성생활을 지향하는 쪽으로 가고 있기 때문에, 그 세대가 여러 실험 끝에 도달하는 지점이 과연 미국 사회보다 더 만족스러울지는 지켜볼 일이다.

그래서 요지는, 근대가 가져다 줬다고 생각하는 환상에서 벗어나 탈근대로 가는 길에서 오랜 세월 인류와 함께한 종교적 전통의 자원을 돌아보는 일은 시대를 역행하는 게 아니라 오히려 시대의 필요에 새롭게 응답하는 길이라는 것이다. 과거나 지금이나 남자들의 행실을 다스리는 일은 쉽지 않다. 그럴 때, 할머니나 어머니의 권위로 "에라이, 이 천벌 받을 놈아" 하고 호통칠 수 있게 해 주는 것은, 천벌의 권위 곧 하나님의 진노가 의미가 있는 공동체 아니겠는가.

3

페미니즘은 어떻게 종교가 되는가

기독교 첫 천년의 역사와 종교개혁 수업과 더불어 2학기 때에 심리학과 학생들과 함께 질적 방법론 수업도 들었다. 보통 종교학은 종교 문헌을 연구하기 때문에 연구 도구로 언어 능력을 요구하지만, 요즘에는 종교에 접근하는 방식도 다양하고, 정치, 사회, 역사, 문화 등에서 혼재되어 나타나는 종교 현상을 연구하기 때문에 자신의 연구에 적합한 연구 도구를 습득하게 한다. 질적 방법론은 그러한 연구 도구 중 하나였다. 여성학과에서도 이 수업을 들었지만, 그때는 마치 여성학을 연구하는 방법은 이것밖에 없다는 양 들어서, 방법론 자체에 접근하는 방식에 대한 큰 그림을 보지 못했는데 미국에서 들은 수업에서는 조금 더 체계적으로 배울 수 있었다. 결국, 나중에 내가 택한 방법론은 역사학과의 방법론이라 이 수업 때 들은 내용을 직접 적용하지는 않았지만, 사람의 경험에 접근하는 인문학과 사회과학 방식의 차이점과 유사점을 두루 경험할 수 있어서 좋았다.

그러나 사람은 때로 본론에서 벗어나는 것에서 강한 인상을 받기도 하는 법인데, 이 수업 역시 그랬다. 이 수업은 처음부터 실습이 목표인 수업이었다. 팀을 구성해서 실제로 한 학기 만에 소화할 수 있는 연구를 수행해야 했는데, 한두 명을 제외하고는 다 심리학과 학생들이라 나도 심리학과 학생 세 명과 함께 팀을 구성했다. 처음 이들과 만나서 연구 주제를 정하는 날, 나는 내가 관심 있는 주제, 말하자면 여성들이 페미니즘과 종교를 화해시키는 방식들에 대해 이야기했는데, 신기하게도 팀원들이 이 주제에 관심을 보였다. 그래서 그 방향으로 하기로 하고, 조별로 돌아가며 연구 주제를 간단하게 소개하는 날 교수에게 말했더니, 교수가 난감해하면서 "Wow, two belief systems!"라고 간단하게 말했다. "두 신념 체계를 동시에 다루겠다고?" 하는 정도의 반응인데, 못할 이유야 없지만 한 학기에 소화하기에는 너무 복잡한 주제라는 것이었다. 이때 내 뇌리에 강하게 박힌 것이 바로 이 "두 신념 체계"라는 말이었다.

사람의 행동을 연구할 때 성별, 나이, 인종, 국적, 가족 구성, 성장 환경, 교육 배경, 경제적 수준 등 외에도 중요한 것이 그 사람의 신념 체계이다. 앞에서 종교의 신성한 덮개 기능을 설명했는데, 내가 특정한 행동을 하는 이유를 설명하는 여러 방식 가운데서도 종교는 매우 중요한 자리를 차지한다. 반드시 제도 종교가 아니어도, 사람은 자신이 취사선택한 다양한 가치 체계를 하나의 신념으로 정리해서 행동 지침으로 삼으려 하기 때문에, 그 사람의 신념 체계를 이해하는 것은 그 사람을 이해하는 데 중요한 부분이다. 그런데 교수가 페미니즘과 종교를 두 신념 체계라고 말한 것은, 이 둘 모두 하나의 신념 체계로 정리될 수 있는 충분하게 포괄적인 이론과 배경을 가지고 있다는 말이었다. 그러니까 하나의 세계관처럼, 문제의 진단, 원인 규명, 해결책 제시 등의 이론 체계도 있고, 그것을 신념으로 삼고 실천하며 살아온 사람들의 역사도 있다는 말이다. 사실 그 교수의 지적이 아주 새로운 것은 아니었다. 나 자신도 이미 오래전에 라브리에서 여성학을 하나의 세계관으로 설명하는 강의를 한 적이 있었다. 그런데도 그 말이 그토록 신선하고 강하게 와닿은 것은 내가 강의했던 10여 년 전보다 더 진지하게 선택의 기로에 서 있기 때문이기도 했거니와, 그 교수의 어조에서 이 두 신념 체계가 조화롭게 어우러지기보다는 갈등을 일으킬 가능성이 더 크다는 것을 간파했기 때문이다.

사실 종교여성학은 종교와 여성학이 화해할 수 있다는 믿음과 전제가 아니면 성립할 수 없기에 그 둘의 갈등보다는 조화를 강조할 수밖에 없다. 물론 아직까지는 조화보다는 가부장제 종교를 열심히 비난하는 게 연구의 많은 부분을 차지하지만, 나름대로 페미니즘 관점에서 종교를 재구성한 연구가 갈수록 많아지고 있다. 하지만 페미니즘 관점이 많이 들어가면 갈수록 제도 종교의 모습에서 많이 멀어지는 것도 사실이다. 앞에서 언급한 현경의 혼합주의도 그러한 예의 하나이다. 그는 기독교 집회에서 굿판을 벌일 수도 있는 여성 종교를 만들어 내었다. 종교여성학의 대모 캐롤 크리스트Carol Christ는 가부장적 종교인 기독교를 참을 수가 없어서 아예 고대 그리스의 여신 종교 전통을 따르는 쪽을 택했다. 그는 서구 기독교가 제국주의와 가부장제의 폭력을 조장하고 옹호한 역사를 용납하기 힘들다고 했다.

반면에, 크리스트와 양대 산맥을 이루는 또 다른 종교여성학자 주디스 플라스카우Judith Plaskow는 유대인인데, 그는 유대교를 떠나지 않았다. 이는 전도로 입교하는 종교와 혈통으로 입교하는 종교의 중요한 차이이기도 하다. 유대교처럼 혈통으로 입교하는 종교는 기독교보다 자기 종교와의 끈이 가족처럼 더 단단하다고 할 수 있다. 물론 특정한 절차를 거쳐 비유대인도 유대교인이 될 수 있지만, 아무래도 혈통과 연관이 깊은 종교라 전혀 무관한 사람이 회심하기보다는 세속적 유대인secular Jew으로 살다가 심기일전하여 실천하는 유대인practicing Jew으로 전환하는 경우가 많다. 내가 알던 어떤 친구는 레즈비언이자 페미니스트였지만, 자신의 유대교 혈통과 신앙을 버릴 생각이 전혀 없었고 오히려 자신의 중요한 정체성으로 받아들였다.

이슬람도 기독교처럼 자기 종교를 전파하지만 성지순례가 신자의 의무일 만큼 특정 지역이나 문화권과의 관계가 기독교보다 두드러지는 종교라서, 이슬람 전통에서 자라 그 신앙을 따르는 무슬림과 전통은 전통대로 인정하되 딱히 종교 생활은 하지 않는 세속 무슬림으로 나뉘는 경우가 많다. (미국의 경우, 민권운동 시절 흑인들이 백인 기독교에 저항해서 자기 고향의 종교로 이슬람을 택하고 민족의식을 고취하기도 했다.) 1980년대 무렵까지 무슬림 사회의 페미니스트들은 보통 이슬람 종교 자체와는 거리를 두는 편이었지만, 그후로, 특히 21세기에 와서 무슬림 사회와 서구 사회의 갈등이 깊어지면서, 갈수록 많은 페미니스트들이 자의건 타의건 이슬람이라는 종교 안에서 페미니즘 작업을 하고 있는 추세이다. 이처럼 유대교와 이슬람과 비교해 볼 때, 혈통과 문화의 고리가 약하고 전도와 개인의 신앙 고백이 주요 입교 방법인 기독교, 특히 개신교는 페미니즘과 타협이 되지 않으면 그만큼 떠나기도 쉬운 종교이다.

혹자들은 어떻게 페미니즘이 종교에 맞설 만큼 그렇게 강력한 신념 체계가 될 수 있는지 궁금할 것이다. 그것은 마르크스주의의 예를 보면 조금 더 쉽게 이해될 것이다. 한번 마르크스주의의 렌즈로 세상을 보는 훈련을 한 사람은, 그러니까 자기 계급의 관점에서 세계를 재구성하는 의식화 과정을 거친 사람은 그것이 하나의 강력한 신념 체계가 되어 다른 모든 것을 해석하는 기준이 된다. 그런데 마르크스주의는 실패한 기획으로 판명되었기 때문에 더는 강력한 신념 체계 노릇을 하지 못하는 반면, 페미니즘은 이동 가능한 계급이 아닌 생물학적으로 여성으로 판명된 성을 타고 난 사람들의 경험을 기반으로 구성되었기 때문에 마르크스주의보다 더 강력한 신념 체계가 될 수 있다.

요즘 여성들에게는 생소하겠지만, 내가 고등학교에 다닐 때만 해도 집에서 딸은 대학에 보내지 않는 경우가 있었다. 지방이라서 더 그랬을 수도 있지만, 몰래 대학 원서를 쓰고 어떻게 합격까지 해도 결국 집에서 허락하지 않아서 울면서 포기하는 친구가 있었다. 요즘처럼 학자금 대출이 있던 시절이 아니라 일단 입학금이라도 집에서 대 주지 않으면 등록할 수가 없는 때였다. 혹은 대학에 다니게 허락은 해도 다른 지방으로 떠나는 것은 허용하지 않는 경우도 있었다. 어차피 여자들 교육이야 경쟁력 있는 신부가 되어 더 나은 혼처를 얻는 데 도움이 되는 것 이상의 의미는 없다고 여기던 시절이었기 때문이다. 작가 박완서도 당시로서는 드물게 대학 문턱을 넘은 여성이었는데, 딸 교육에 유난히 열성을 보였던 어머니가 오빠가 하는 공부야 다 나중에 쓸데가 있지만 너는 딱히 그런 용도가 없으니 사실은 네 공부가 더 비싼 셈이라고 말씀했다고 한다. 회수를 보장받지 못하는 투자였던 셈이다.

중산층 집안은 딸도 아들과 같이 공부시킬 여력이 되니까 딱히 쓸모는 없어도 더 나은 데 시집 보내기 위해서라도 공부를 시킬 수 있지만, 사정이 그렇지 못한 경우에는 남동생이나 오빠를 위해서 자신은 일찍이 공장으로 가서 돈을 버는 여성들도 많았다. 그중에는 자신도 공부를 제법 잘하고, 하고 싶어 했던 경우도 많아서, 결국 뒤늦게 결혼하고 아이도 다 키운 후 다시 공부를 시작하기도 했다. 일종의 한풀이 같은 것이다. 이러한 현실을 "그냥, 여자니까 어쩔 수 없지 뭐" 하던 반응에서 "내가 단지 여자라서 이렇게 살아야 한다는 것은 말이 되지 않는다"는 생각으로 바뀌는 것이 페미니스트 의식의 시작이다. 작가 공지영의 경우 초등학교 4학년 때부터 그런 의식이 있어서, 왜 오빠만 닭 다리를 주냐고, 나이 순서대로 맛있는 부위를 먹는 거라면 엄마 아빠가 먹거나, 그게 아니면 모든 부위를 공평하게 나누어 먹어야 하는 거 아니냐고 따졌다고 한다. 내 세대라면 이런 식의 불만을 한 번쯤은 다 가졌을 법하다. 그러나 이러한 부당한 대우에 대한 원인을 체계적으로 따져서 현실을 바꾸겠다고 결의를 다지는 사람은 전체 여성의 비율에 비해 그다지 많지 않다.

여성학과에서 만난 사람들은, 이 사람은 무엇 때문에 여기까지 오게 되었을까 하는 생각을 은연중에 하게 된다. 대학 시절부터 학생 운동에 열심이었던 사람들은 일찍이 저항의 길을 택한 사람들이라 대충 상상이 가지만, 나처럼 결혼한 여성이 뒤늦게 여성학과를 찾을 경우, 분명 무슨 사연이 있지 않지 않을까 생각하게 되는 것이다. 그러한 생각은 제법 부유한 집안 출신으로 보이는 여성에 대해서도, 남자들에게 호감을 살 것처럼 생긴 외모를 가진 여성에 대해서도 이는 생각들이다. 말하자면, 그냥 세상 기준으로 볼 때 평탄하게 살 것 같아 보이는 여성들이 왜 세상에 저항하는 여성학과에 오게 되었을까 하는 궁금증이 생기는 것이다.

교회에서도 비슷하다. 세상에서 잘 나갈 것 같은 사람이 교회를 찾을 때, 우리는 궁금해 한다. 어떠한 이유에서든 스스로 결핍을 느끼지 않았다면 종교를 찾지 않으리라는 암묵적 가정이 우리에게 있기 때문이다. 그래서 어차피 사람은 다 결핍이 있는 존재인데 그것을 깨달은 사람은 교회에 있고, 아직 깨닫지 못한 사람은 교회 밖에 있다고 생각하기도 한다. 페미니즘도 비슷하다. 모든 여성은 차별받는데, 그것을 깨닫고 변화를 위해 싸우기로 한 사람은 페미니스트가 되고, 아직 깨닫지 못하거나 결단하지 못한 사람은 페미니트스가 되지 못한 것이다.

처음 교회에 오면 성경이나 교리를 잘 모르는 것처럼, 처음 페미니즘을 접하면 세상이 무언가 잘못되었다는 인식 외에 아직 모르는 게 많다. 그래서 우리가 성경을 공부하듯이 체계적으로 공부해 나간다. 기독교가 존재의 여러 문제를 깊이 파고들듯이, 페미니즘도 여성이라는 존재의 문제를 깊이 파고들되, 기독교는 개인의 삶의 변화에 초점을 맞춘다면 페미니즘은 사회의 변화에 초점을 맞춘다. 물론 기독교도 분파에 따라서 개인보다는 사회에 초점을 맞추는 경우도 있지만, 그렇다 하더라도 개인 경건을 아예 무시하는 기독교 분파는 거의 없다. 그렇게 되면 그야말로 교회가 아닌 정치 집회장이 되어 버리기 때문이다.

페미니즘의 이러한 특징 때문에 종교여성학의 초기 학자 중 한 사람인 불교학자 리타 그로스Rita Gross는《페미니즘과 종교Feminism and Religion: An Introduction》(청년사)에서, 페미니즘이 종교학에 미친 영향을 염두에 두면서 종교를 이렇게 정의했다. "무엇을 결정하고 행동에 옮기게 하는 데에 있어서 가장 중요한 기준 역할을 하는 모든 신념, 그리고 그 가치가 행위자 한 사람에게게만 국한되지 않는 모든 행동은, 그 내용이야 어떻든, 모두 종교적 신념이자 행동이다." 이 정의에 따르면 페미니즘도 종교이다. 여성을 억압에서 해방하는 게 모든 결정과 행동의 가장 중요한 기준이고, 그 가치는 개인을 넘어 모든 여성에게로, 나아가서 모든 사회적 약자에게로 확장되기 때문이다. 종교에 대한 그로스의 정의는 너무 광범위하다는 지적이 많지만, 내가 보기에 그는 페미니즘의 가치를 부각하기 위해서 의도적으로 이렇게 정의한 면이 있다.

종교학은 자기 종교를 포교하기 위한 학문이 아니라, 종교를 객관적으로 연구하기 위한 학문이다. 그래서 가치 판단 없이 모든 종교를 동일하게 취급해야 한다는 압박과 더불어, 종교라는 것 자체가 이미 특정한 가치를 상정하기 때문에 가치 판단을 전제할 수밖에 없다는 딜레마를 안고 있다. 그로스가 정의한 종교는 종교학의 이 딜레마를 해결해 주는 동시에, 학문으로 제대로 인정받지 못했던 페미니즘에도 정당한 자리를 부여한다. 우선, 이미 종교에 특정한 가치가 있다면 가치 중립적으로 연구한다는 것은 기만이다. 따라서 페미니즘 관점에서 종교를 연구하는 것은 편파성이 아니라 유효한 가치의 입장에서 연구하는 것이다. 그렇다면 객관성이라는 방법 이외에 모든 종교를 동일하게 취급하는 길은 무엇인가? 바로 다양성과 포용성diversity and inclusion이라는 가치이다. 오늘날 종교학의 종교적 실천이 타종교에 대한 관용과 종교 간 대화로 나아가는 이유가 바로 여기에 있다. 그리고 시대 변화에 맞게 페미니즘의 모토도 여성 해방이라는 다소 바랜 느낌의 선언에서 벗어나 다양성과 포용성으로 바뀌었다.

한 가지 객관적 방법론으로 모든 종교를 동일하게 연구하고자 했던 종교학의 기획이 이미 실패하고 있었기 때문에 페미니즘이 스스로를 종교에 결부하기가 더 쉬운 면도 있었다. 인문학으로서 종교학은 초월 세계에 대해서 침묵하기로 했기 때문에, 현상적으로만 연구하는 종교학은 결국 종교적 가치를 인권 실현의 장이 된 정치적 실천에서 찾을 수밖에 없었고, 그런 면에서 이미 정치적 실천으로 자리 잡고 있던 페미니즘과 결탁하기도 더 쉬웠다. 게다가 세속 페미니즘에는 없는 신념의 더 깊은 영적 차원을 종교의 자원에서 끌어옴으로써 보다 효과적으로 여성 종교를 만들어 낼 수 있었다. 여기에서 여성 종교란 별도의 종교가 아니라—물론 아예 여신 종교를 믿는 사람도 있다—여러 종교에 속해 있되 페미니즘이라는 가치를 상위 개념으로 종교를 재해석하는 사람들의 느슨한 교류 집단이자 정치적 실천 집단이다. 미국에서는 미국 종교 학회의 여성 분과나 젠더와 종교 그룹이 이러한 교류의 주요 장소이다. 이들에게는 자신이 속한 종교보다 페미니즘의 가치가 더 중요하다. 그리고 모토가 다양성과 포용성으로 바뀌었기 때문에 퀴어 집단과도 자주 교류하지만, 성적 지향이 이성애자들이기 때문에 완전히 퀴어 집단과 합쳐지지는 않는다.

이 정도로까지 페미니즘이 상위 가치가 될 필요가 있는지, 혹은 그 이유가 무엇인지는 개인마다 다를 것이고 복합적 요인들이 있겠지만, 한 가지 시사점은 있다. 그것은 바로 여성이 몸으로 경험하는 폭력 때문이다. 대다수의 여성은 살면서 적어도 한 번은 불쾌한 혹은 원하지 않는 성적 접촉을 경험한다. 여고 시절 치마를 입고 혼잡한 버스를 탔는데 슬쩍 치마 안 허벅지를 스치는 남학생의 손이라든지, 고의인지 실수인지 확신할 수 없지만 무언가 불쾌하게 신체 특정 부위를 스치는 손길을 경험한 사례는 수없이 많다. 그나마 이 수준에서 그치면 다행이지만, 직접 폭행을 당하는 경우도 많다. 단지 성폭행만이 아니라 아내 구타의 경험도 마찬가지이다. 단지 여자이기 때문에 당하는 이러한 신체적 폭력은 여성의 내면 깊이 각인된다. 그래서 강남역 살인 사건처럼 이러한 기억을 소환하는 사건이 일어나면, 여성들은 성을 기반으로 한 하나의 운명 공동체처럼 일어나 서로 감정이입을 하면서 공통의 기억과 역사를 만들어 간다.

비단 이러한 외부의 폭력만이 아니다. 유산이나 사산은 자기 몸 안에서 죽음이라는 폭력이 일어나는 경험이다. 특히, 계류 유산은 태아가 자궁 안에서 죽어 피로 흘러나오지 못하고 그 안에 붙어 있기 때문에 낙태 시술과 동일한 과정을 거쳐 떼어 내야 한다. 그럴 때 질로 삽입하는 차가운

기구의 느낌은 결코 기분 좋은 경험이 아니며, 세세하게 설명하지는 못해도 내 몸이 침해당하는 또 다른 기억으로 각인된다. 그래서 나와 함께 유산이나 사산의 경험을 이야기하면서 조금이라도 울먹이지 않은 여성이 한 명도 없을 정도이다.

이러한 몸의 경험과 그 기억은, 여성에 대한 폭력이 지속되는 한 언제든지 소환될 수 있다. 그리고 그 원인 규명과 해결책을 페미니즘이 가장 잘 구현한다고 생각하면 페미니즘은 언제든 상위 가치가 될 수 있다. 그래서 페미니즘은 종교가 되기 쉽다. 폭력 없는 세상이 가능하다고 꿈꾸는 것이 바로 종교가 하는 일이기 때문이다. 다만 종교는 그게 이 세상은 아니라고 말하는 반면, 페미니즘은 이 세상이 그 세상이 되어야 한다고 말하기 때문에 회심자를 많이 얻기가 힘들다. 사람은 떡으로만 사는 게 아니듯, 투쟁으로만 사는 것도 아니기 때문이다.

4

'일치의 삶'이 종교와 페미니즘에 시사하는 것

'일치의 삶'은 앞 장에서 언급한 유진 피터슨이라는 미국 개신교 목사이자 영성 신학자가 제시한 그리스도인의 삶의 모델이다. 유학을 떠나기 직전에 의미 있게 매듭지었던 일이 바로 유진 피터슨 목사의 회고록을 번역한 것이었다. 1999년부터 1년에 1권꼴로 그의 책을 번역했는데, 당시로는 그의 마지막 책이 될 것이라 여겼던 회고록을 번역하면서 꼭 10권의 피터슨 저서를 번역하게 되었다. 이미 나의 해설서 《유진 피터슨 읽기》(IVP)에서도 썼지만, 그의 회고록을 번역하고 나자 지난 세월이 새롭게 환기되면서 번역가의 고립된 생활과 사모로서 소외된 세월 동안 나를 지켜 준 그의 책들이 고마웠고, 그래서 내게 목사가 되어 준 그에게 감사 편지를 썼더랬다. 그 편지가 인연이 되어 그를 방문하기에 이르렀고, 이후로도 미국 유학 생활 동안 꾸준히 편지를 주고받았다. 얼마 전 그의 소천 소식이 유난히 가슴 깊이 와 박힌 것도 이러한 특별한 인연 때문이기도 하다.

백인 남성 목사의 책이 왜 그렇게 인상적이었느냐고 묻는다면, 지금까지도 유효하다고 생각하는 그의 방법론 때문이다. 유진 피터슨은 한국 기독교에서 매우 빠른 속도로 거의 전작을 번역해 낸 다소 드문 외국 작가이다. 한국에서 그렇게 열심히 자신의 책들을 번역한 이유는 피터슨에게도 신기한 일이었지만, 사실 그것은 내게도 궁금한 일이었다. 그래서 청어람 강의에서부터 시작하여 〈IVP 북뉴스〉 연재, 이어서 단행본으로까지 정리해 낸 피터슨 독법을 미국에서 학기 페이퍼로 발전시켰고 나중에는 미국 종교 학회에서 발표도 했다. 책에서는 피터슨을 읽는 방법을 한국 독자들에게 소개하는 게 목적이었다면, 페이퍼는 미국 종교의 한 현상으로서 피터슨이 어떻게, 왜 한국으로 수입되었는지, 그 맥락과 의미를 분석하는 게 주목적이었다. 1865년 이후의 미국 종교사 수업이었기 때문에 페이퍼로 적절한 주제였다.

그 페이퍼의 요지는 피터슨 번역 프로젝트는 386세대의 필요에서 비롯된 야심 찬 기획이었지만, 한국 기독교 안에서 원하던 변화를 이뤄 내지 못하고 시장 흐름에 따라 피터슨 이후에 수입된 작가들로 대체되고 있다는 것이었다. 하지만 이번에 진짜 그의 마지막 저서가 된 《물총새에 불이 붙듯 As Kingfishers Catch Fire》(복있는사람)이 나온 지 불과 2주 만에 재판을 찍은 것을 보면 반드시 그렇지만은 않은 것 같아 감사하다. 또한 그의 소천 후 이어진 추모의 반응은 그가 한국 독자들에게 미친 영향의 깊이와 폭을 되돌아보게 했다. 피터슨의 업적은 학문적 탁월성보다는 실천 가능한 방법론에 있다고 나는 생각한다. 만약에 사람들이 그의 책을 읽고 그냥 좋은 독서 경험으로 끝내거나 그의 글을 학문적으로 분석하고 앉아 있다면 아마도 피터슨은 기분이 좋지 않을 것이다. 왜냐하면 예수님의 모범을 따라, 그의 글의 주된 메시지는 "너희도 가서 이와 같이 하라"는 것이기 때문이다.

피터슨의 방법론에서 핵심은 번역이고, 번역의 핵심은 해석과 적용이다. 보통은 해석과 적용을 별개로 보는데, 나는 둘이 어느 정도 중첩한다고 본다. 해석은 그 해석이 의미가 있는 맥락과 별개로 존재하지 않고, 그렇게 의미가 있는 맥락이 있다는 것이 이미 적용의 시작이기 때문이다. 표면적으로 번역은 어떤 말을 다른 말로 옮기는 작업이지만, 더 깊이 들어가면 어떤 말이 담고 있는 의미를 해석해서 다른 말로 표현하되 그 다른 말이 처한 맥락에 따라서 변형이 일어나는 과정이고, 이 변형이 말하자면 적용인 셈이다.

여기에서 말이 담고 있는 의미란 그 말을 쓴 저자가 자기가 속한 문화와 상황에서 자신이 전달하려는 바를, 자신의 독자들이 가장 잘 이해할 수 있으리라고 판단하여 고른 말이 담고 있는 의미이다. 그 말을 읽은 번역가는 저자가 이렇게 쓴 의도를 헤아려 시간과 공간의 거리가 있는 상태에서 그 의미를 해석한다. 그런데 그 해석은 번역가마다 다를 수 있다. 책을 읽는 독자도 같은 책을 과거에 읽었을 때와 지금 읽을 때 의미가 다르게 다가오는 경우가 있는 것처럼, 해석은 해석이 이루어지는 시점과 상황, 해석자 개인의 위치와 상황에 따라 다를 수 있다. 여하튼 번역가가 일단 그렇게 해석한 의미를 자기 말로 표현할 때는 그 의미가 자신이 처한 문화와 상황에서 저자가 말한 바를 가장 잘 전달할 수 있는 표현이라고 판단되는 말을 자기 말 중에서 고른다. 이렇게 몇 단계를 거치다 보면 변형은 일어날 수밖에 없다. 단지 언어가 달라서만이 아니라 그 언어를 소통하는 맥락이 다르기 때문이다.

저자는 의도를 가지고 글을 썼지만, 번역가는 번역할 때 저자의 의도와 그 의도가 읽히는 자신의 맥락 사이에서 계속해서 적용을 시도한다. 물론 번역가에게도 나름의 의도가 있다. 그러나 그의 의도는 언제나 저자의 의도에 종속되어 있다. 그래서 번역가는 저자의 시녀라거나 번역은 여성적 속성을 가지고 있다고도 한다. 남성 저자에게서 파생된 존재일 뿐 스스로는 존재 가치를 인정받지 못하기 때문이다. 그러나 성경 앞에서는 남자건 여자건 모두가 번역가이다. 물론 그동안 남성을 더 공신력 있는 번역가로 여겼다는 것은 부인할 수 없는 사실이지만, 피터슨이 성경을 삶으로 가져오는 방식은 기존의 이러한 관습을 전복할 수 있는 여지를 충분히 준다.

피터슨은 성경 저자가 성경을 기록할 때 분명한 의도가 있었다고 보았고, 그 의도는 바로 성경대로 살게 하기 위해서였다고 해석했다. 그런데 모든 사람이 성경이라는 텍스트에 대해서 피터슨과 같은 생각을 가지고 있지는 않다. 어떤 사람은 성경은 어떻든 신성한 차원을 대변하기에 혼란스럽고 질서 없는 일상과 어느 정도 거리를 둘 수 있도록

보다 엄숙한 어조를 유지해야 한다고 보기도 한다. 이러한 사람들은 현대 독자들을 위해서 성경을 번역할 수밖에 없는 현실은 인정한다 하더라도, 적어도 그 언어가 보다 고상한 차원을 잘 대변해야 한다고 생각한다. 물론 피터슨도 거룩한 언어와 거룩하지 않은 언어를 구분하지 않은 것은 아니다. 그도 공예배에서는 《메시지 성경》을 사용할 것을 권장하지 않았다. 아직 이 세상에 완전한 하나님나라가 임하지는 않았기에 어느 정도 성과 속의 경계를 구분해 줄 필요가 있기 때문이다. 그럼에도 궁극적으로는 살지 않는 성경은 아무 의미가 없다고 생각했다. 그것은 마치 글도 모르는 자신의 일곱 살짜리 손자 한스가 경건하게 눈으로 따라는 가되 읽지는 못하는 것과 같다고 그는 생각했다.

피터슨은 이렇게 성경 저자의 의도를 파악한 상태에서 번역에 착수했다. 성경 시대와 20세기 말 미국이 아무리 시공간적 거리가 있다 하더라도, 일단 이대로 살라고 쓴 책을 번역하는 일이니, 그 시대의 독자나 오늘날의 독자에게 주어진 과제는 기본적으로 같다는 전제가 성립된다. 그 시대 사람들에게 이렇게 살라고 쓴 책이고 그 책이 우리의 성경이라면, 현대 미국을 사는 독자들도 그렇게 살 수 있어야 한다. 그런데 그렇게 하려면 먼저 '이렇게 살라'는 내용이 무엇인지 이해할 수 있어야 하기 때문에 피터슨은 우선 성경을 기록한 시대적·문화적·역사적 맥락에서 '이렇게 살라'는 내용이 무엇인지를 파악해야 했다. 그리고 그가 하나로 정리해 낸 '이렇게 살라'의 내용은 바로, 하나님의 사람이라면 하나님의 사람이라는 인식이 존재 깊이 박혀서 그냥 자신이 하는 일이 다 하나님의 사람이 하는 일이 되게 살라는 것이었다. 그가 영성 신학 시리즈의 첫 권에서 제라드 맨리 홉킨스Gerard Manley Hopkins의 물총새 시를 소개하고, 마지막 책에 "물총새에 불이 붙듯"이라는 제목을 붙인 것은 바로 이 시가 자신이 생각하는 '이렇게 살라'의 내용, 곧 하나님의 사람의 모습을 가장 잘 포착한다고 생각했기 때문이다.

이것이 바로 피터슨의 탁월한 부분인데, 그는 하나님이라는 언어와 하나님의 뜻이라는 큰 우산, 어떤 보편성이라면 보편성이라고 할 수 있는 것과, 특수한 개체인 개인을 다 유지할 수 있는 방법을 이 삶의 모델을 통해서 제시했다. 물론 이것은 피터슨만의 고유한 작업은 아니지만, 그의 방법론이 특별히 실천성이 있는 이유는 그가 이 보편과 특수, 곧 하나님이라는 공통 언어의 테두리와 개별 인간의 관계를 풀어 간 방식 때문이다. 설명하면 이렇다.

내가 하는 일이 다 하나님의 사람이 하는 일이 된다는 것은 우선 딱히 의식하지 않아도 자신의 존재가 자신이 하는 일로 연장이 된다는 것이다. 그러려면 스스로가 하나님의 사람이라는 깊은 인식이 있어야 한다. 이것은 우선, 하나님의 일이 몇 가지 봉사나 선행이나 정치 활동으로 축소되는 것을 막아 준다. 하나님의 사람이라는 깊은 인식은—피터슨이 비유로 사용한, 뼈다귀를 몇 날 며칠 물고 뜯고 빠는 개처럼—말씀을 이리저리 물고 뜯고 빠는 시간도 있어야 하지만, 그가 회고록에서 지적하는 것처럼 나가서 직접 이렇게 저렇게 실험하고 살아 보지 않고서는 얻을 수 없는 인식이다. 그것은 마치 집안에서 내가 누구의 딸이라는 것이 집 밖에서 누구의 딸로 인식되는 방식과 부딪히는 복잡한 과정들을 통해서 딸의 자리를 자리매김하는 것과도 비슷하다.

집안에서나 집 밖에서나 내가 누구의 딸이라는 정체성을 뒤흔드는 것은 많다. 집안 다른 여자들과는 다른 특징과 성격을 가지고 태어날 수도 있고, 성장하면서 선택하는 길이 집안 다른 여자들과 다를 수도 있다. 그럼에도 일단은 그 집 딸이라는 사실은 변함없다. 다만 스스로 그 집안 딸이 되는 방식들을 찾아 가는 과정이 필요할 뿐이다. 그 과정에서 집 밖에서 사람들이 나를 그 집 딸로 인식하는 방식은 부정적 역할과 긍정적 역할을 다 한다. "빼도 박도 못하게 그 집 딸이야" 하고 강화해 주는 반응이 있는가 하면, "그 집 딸 같지가 않아" 하고 의심을 부추기는 반응이 있을 수도 있다. 물론 어느 날 결정적으로 "나는 이 집과 결별하겠어"라고 자기 스스로 연을 끊을 수도 있다. 그러나 그렇다고 그 연이 사라지지는 않는다. 다만 스스로 과거를 정리하거나 재해석하면서 관계의 방식을 바꿀 뿐이다. (입양의 경우는 조금 더 많은 갈등을 내포할 수 있지만, 다른 사회 공동체와는 다르게 가족이라는 형식으로 편입된 방식 때문에 가족 구성원이 되어 가는 이러한 과정을 혈연 가족 경험의 연장선에서 이해할 수 있다.)

가족의 비유는 그동안 가족이라는 규범이 개인을 억눌러 왔다는 사실 때문에 그렇게 환영받을 만한 비유는 아니지만, 존재와 행위가 분리되지 않는다는 것의 의미를 생각해 보기에는 적절한 것 같다. 내가 누구 집 딸이라는 존재성은 내 행위를 그 존재성과 연결해 준다. 우리는 흔히 그 존재성이 자신의 행동 범위를 규제하고 억압한다고만 생각하는데, 사실은 자기 스스로가 그 집 딸이 되는 방식을 다양하게 실험하고 타협하면서 그 자리를 만들어 가는 면도 크다. 어려서는 인정받기 위해서 거의 무의식적으로 그렇게 할 수 있지만, 자라면서는 더 의식적으로 실험하고 타협하게 된다. 예를 들어, 이 집 딸의 전형적 모습을 깨는 행동들을 한 번씩 하면서 어디까지가 수용이 되고 안 되는지를 시험할 수도 있고, 혹 수용이 되지 않을 때는 왜 안 되는지를 따져 물을 수도 있다. 이러한 반격의 질문들은 이 집 딸로 인정받는 방식 자체에 문제가 있었던 것은 아닌지, 다른 구성원들로 하여금 돌아보게 하는 계기가 될 수도 있다.

이렇게 나의 행위는 그 존재성이 구성되는 방식이나 의미를 계속해서 재해석하면서 그 존재성과 복합적 관계를 이어 나간다. 그런데 교회는 가족과는 다르게 선택으로 이루어진 집단이기 때문에 행위 자체에 더 많이 규제를 두게 된다. 내가 정말 다리 밑에서 주워 온 아이처럼 생긴 게 달라도 유전자 검사로 혈연관계를 확인할 수 있는 가족 관계와는 달리, 교회는 세례 증서라는 다소 공신력이 떨어지는 문서 외에 멤버십을 확인할 방법이 없기 때문이다. 그래서 하나님의 사람의 정의도 가시적 행위나 태도, 규범적 성 역할 몇 가지로 더 협소해진다. 피터슨은 교회의 그러한 협소한 정의를 이 세상으로 확장하여 보게 해 준다. 우리가 살아가는 세상은 몇 평짜리 교회 건물 안이 아니라 이 세상 전체라는 것을 보게 해 주는 것이다. 이곳은 하나님의 세상이고, 바로 이 동네에 하나님, 곧 예수님이 살러 오신 방식들을 그는 차근차근 설명해 준다.

예수님이 사신 그 방식들이 바로 나의 그리스도인 됨 곧 나의 존재성과 정체성을 실험하게 해 주는 범주이다. 그래서 그는 우리의 목적과 수단이 다 예수님께로 집중된다고 말한다. 우리는 예수님이 도달한 곳까지 가기를 바라는 동시에, 예수님이 하신 방법으로 그렇게 해야 한다. 그런데 그분이 사신 방식은 1세기 팔레스타인에서 구현되었기 때문에 시대적·지리적으로 많이 멀어진 우리는 피터슨과 같은 전문 훈련을 받은 사람들에게 어느 정도 의지해서 예수님이라는 목적과 수단을 해석―번역―하고 그것이 자신의 존재와 행위의 상호작용이 나아갈 기준이 되게 한다. 그런데 이 기준은 고정된 것도 아니고, 누구에게나 천편일률적으로 적용되지도 않는다. 만약 내가 누군가를 존경해서 저 사람처럼 늙고 싶다고 했을 때, 그것은 내가 저 사람이 될 수 있다는 말도 아니고 저 사람을 복제하겠다는 말도 아니다. 저 사람이 세상과 관계 맺는 방식을 내 나름의 방식으로 소화해서 나답게 살고 싶다는 말이다. 따라서 우리가 그리스도인이 되는 모습은 그리스도인의 수만큼 다양할 것이다. 그리고 그것은 문화마다 다를 것이다.

예를 들어, 나는 오랜 세월 내가 훈련받은 기독교의 가치에 근거해서 행동하는데도, 미국인 친구는 내게서 그리스도인의 모습보다 아시아 유교 문화권 사람의 모습을 보았다. 우선, 그에게는 자기 문화에서 비롯된 그리스도인의 모습에 대한 편견이 있었고, 나아가서 내가 사는 문화권에서 정착한 기독교의 모습에 대해서도 알지 못했다. 그래서 내가 어떠한 맥락과 상호작용을 하면서 내 존재와 행위의 방식들을 키워 왔는지 알지 못했기 때문에 그것을 알아볼 수 없었다. 비단 외국인만이 아니라 같은 한국인의 경우도 마찬가지이다. 나에게 호감이 있었던 어느 후배는, 알고 보니 그 언니가 독실한 기독교 신자더라며 약간 놀라워했던 적이 있다. 이 역시 그가 가지고 있는 한국 기독교인의 어떤 전형에서 비롯된 반응일 것이다. 그러나 이것은 크게 상관없다. 성경에서도 세상의 인정을 받으라고 하지 않고, 세상이 네 소망의 이유에 대해서 묻거든 답변할 준비를 하라고 했기 때문이다. 따라서 내가 지금의 내가 된 것은 내가 믿는 기독교 때문이라고 답변할 준비만 되어 있으면 된다. 살다가 정말로 누군가에게서 그러한 질문을 받는다면, '이렇게 살라'의 모습에 어느 정도 가깝게 산 것 같은 생각에 위로와 격려를 받을 수도 있을 것이다.

당연히, 세상이 알아보지 못할 때보다 교회가 알아보지 못할 때 상심의 정도는 훨씬 더 크다. 그래서 우리는 하나님의 언어와 그분의 뜻에 더 깊이 훈련될 수밖에 없다. 교회가 잠시 알아보지 못한다는 생각이 들어도 스스로 소망을 잃지 않기 위해서이다. 그래도 희망적인 것은 아직은 그것, 즉 하나님과 그분의 뜻이 중요하다는 것을 인식하는 사람들이 많다는 것이다. 그것을 한국 사회에서 살아 내는 방식은 한국 기독교인의 수만큼 다양할 뿐만 아니라, 남성과 여성이 다르고, 미국이나 일본과도 다를 것이다. 그러나 하나님이라는 공통 언어의 테두리를 벗어나면 그냥 다름만 남을 뿐, 방향을 상실하게 된다. 공통의 언어 안에서 다름을 유지하는 이 긴장은 때로 제법 팽팽해서 어느 순간 끊어질 것처럼 느껴지기도 한다. 그럼에도 그것을 아예 끊어 버리기보다 견디기로 택한 사람들은 개인이 특별히 (고집이든 신념이든) 강해서, 혹은 잘잘못을 따지고 분석할 지식이 모자라서가 아니라, 자기보다 더 큰 무엇의 존재를 적어도 한 번은 일별했기 때문일 것이라고 나는 생각한다.

3부

종교, 문화, 젠더

1

서구의 과학, 동양의 문화, 인간의 번영

서구의 계몽주의 시대는 종교라는 하나의 보편적 세계가 과학이라는 보편적 세계로 대체되기 시작하는 시대이다. 그래서 이제 이 세계는 하나님이라는 이해 체계 아래서 안전하게 존재하는 게 아니라, 인간의 이성으로 밝혀 나가는 과학적 진리들 안에서 안전하게 존재할 수 있다고 생각하기에 이르렀다. 오늘날 사람들이 어떤 것에 성경적 근거가 있다고 하면 의심해도, 과학적 근거가 있다고 하면 별 의심을 하지 않게 된 것은 바로 이러한 역사적 변화에 기인한다. 과학의 객관성과 가치 중립성에 대한 도전이 있기 시작한 지 반세기가 넘었는데도 여전히 과학 지식이 종교 지식보다 더 신뢰를 받는 이유는, 종교가 과학처럼 표준화된

한 언어로 통일되지 않기 때문이기도 할 것이다. 모든 종교는 같다고 주장하는 종교학자들은 어쩌면 종교를 과학처럼 만들어서 그 아래에 모든 인류를 묶고 싶은 야심을 가진 사람인지도 모른다. 그것은 사실 계몽주의의 야심이기도 하고 꿈이기도 했다. 교육으로 계몽된 인간들이 상호 호혜 속에서 자유와 평등을 온전히 누리는 세상을 만드는 꿈 말이다.

페미니즘도 같은 꿈을 꾸지만, 계몽 시대가 여성에게 동등한 혜택을 주며 발전하지 않았기 때문에 계몽 시대의 주요 방법론인 과학에 양가적 입장을 가지고 있다. 한편으로는 페미니즘이 객관적·과학적 학문이기보다는 이데올로기나 정치 운동 정도로 대우를 받기 때문에 자신을 정당한 학문으로 입증해야 하는 과제가 있는 반면, 다른 한편으로는 이성과 객관성이라는 말로 여성에 대한 편견을 은폐하기도 하기 때문에 그것에 대한 의혹의 시선도 놓치지 않아야 하는 과제가 있는 것이다. 즉, 객관성에 대해 끊임없이 회의하면서도 객관성을 놓칠 수 없는 이중 과제가 있다. 그러나 페미니즘의 한 가지 야심 혹은 꿈은, 계몽 시대가 이성이라는 보편성으로 세상을 묶으려 한 것처럼 인류의 절반인 여성의 경험을 하나로 묶어 과학과 합리성에 필적하는 보편성을 획득하는 것이다.

그러나 이러한 꿈은 시작부터 난항을 겪었다고 해도 과언이 아니다. 페미니즘이 학계에 자리 잡으면서 체계적으로 커 가던 시기는 동시에 탈식민 이론이 학계에 확산되던 시기이기도 하다. 그래서 서구 사회에서 여성들이 남성들의 편견에 갇혔던 만큼, 비서구 사회가 서구 사회의 편견에 갇힌 사실이 크게 부각했고, 그 안에서 제3세계 여성들은 비서구이면서 여성이라는 이중의 편견 속에 자신들이 위치해 있다고 목소리를 높이기 시작했다. 그래서 자신들의 '다름'이라는 편견이 이 이중 권력 관계 안에서 어떻게 구성되었는지를 드러내는 작업을 많이 했다.

예를 들어, 오리엔탈리즘의 시각 중 하나는 비서구 사회의 현상을 설명할 때 그것을 문화로 환원해서 서구 현상과는 본질적으로 다른 현상인 것처럼 제시하는 것이다. 일례로, 이슬람권 여성이 자기 몸을 가리는 것은 그들의 종교/문화 때문에 여성 해방이 덜 되었기 때문이라는 식의 관점은, 서구 여성들은 해방되어서 마음껏 자기 몸을 노출할 자유가 있다는 암묵적 전제에서 비롯된다. 그러나 모로코의 사회학자 출신 작가 파티마 머니시Fatima Mernissi는 여자가 몸을 가리든 벗든 다 남자를 위해 하는 행동인데 무슨 차이가 있느냐고 지적했다. 이처럼 같은 현상인데도, 비서구 사회의 다름을 부각하고 그 다름의 원인을 그들의 종교/문화로 돌려서 비서구 여성들은 그들의 후진적 문화 때문에 서구 여성들과 달리 종속된 삶을 사는 것처럼 이해하는 것이 서구 백인 여성들의 문제라고 제3세계 여성들은 지적해 왔다.

이것이 바로 제국주의의 관점이고, 그 관점에 의하면 같은 여성에 대한 폭력이라도 인도나 아랍권에서 일어나면 그들의 종교/문화가 그들을 박해하는 것이 되고, 서구에서 일어나면 사회적·심리적 문제가 된다. 심리학이니 사회학이니 하는 학문은 과학의 이름으로 진리를 탐구하는, 종교의 자리를 대체하는 보편적 학문이고 서구는 그러한 과학적이고 합리적인 논리가 작동하는 곳인 반면, 비서구 사회에서 일어나는 일들은 무언가 그들의 문화적 특수성 때문인 것으로 상정되기 때문이다. 그래서 미국에서 일어나는 가정 폭력이 미국의 종교나 문화 때문이라고 설명하면 이상하게 들려도, 이슬람권에서 일어나는 가정 폭력이 이슬람이 여성 억압적 종교이기 때문이라는 설명이 붙으면 이상하게 들리지 않는 것이다.

꼭 이런 사례가 아니어도, 한국에서 일어나는 어떤 현

상을 백인에게 설명하려 할 때 상대가 잘 이해하지 못하는 내용을 이야기하다 보면 어느 순간 자신도 모르게 "그건 한국 문화와 관련된 거라서 잘 설명이 안 되네"라고 말해 본 경험이 있을 것이다. 우리가 서구 사회에 대해서 아는 것보다 우리에 대해서 아는 게 적은 서구 사회 앞에서 역사적·사회적 맥락을 다 제시하며 설명하기보다는 "그냥 문화야"라고 말하는 편이 훨씬 간편하다. 설령 그러한 맥락을 다 제시한다 해도 곧바로 이해를 얻기가 힘들다. 한국의 페미니스트들이 유교 페미니즘에 관심이 없거나 배격하는 이유는 이러한 식으로 자꾸 문화로 환원되기를 자처할 필요가 없다는 입장에서 비롯되는 것이기도 하다. 서구 사회의 많은 부분이 기독교의 유산이어도 그들의 사회적 현상을 설명할 때 기독교 문화가 요인이라고 뭉뚱그려서 설명하지 않는 것처럼, 한국 사회를 설명할 때도 꼭 유교 문화와 결부할 필요는 없다. 오히려 그럴수록 더 유교 문화와 한국 사회를 분리하지 못하기 때문에 여성들에게는 불리하게 작용하게 된다는 게 그들 입장이다.

일본의 여성학자 우에노 치즈코도 비슷한 입장이다. 일본 사회는 자신의 오리엔탈리즘적 다름을 오히려 적극적으로 수용하면서 그것을 서구 사회에 대항하는 자신들의 특수성이자 정체성으로 삼았는데, 그중에서도 특히 모자 간의 강한 유대를 일본 사회의 특징으로 제시한다. 그러나 그것은 이탈리아나 유대교 사회에서도 목격할 수 있는 것이지 일본 사회 고유의 것이라 할 수 없다고 우에노는 지적한다. 모자 간의 강한 유대를 강조하는 것이 문제가 되는 이유는 그것이 오히려 가부장제를 강화하기 때문인데, 부계 사회에서는 오직 아들 출산을 통해서만 여성이 가치를 갖기 때문이다. 남아선호 현상이 오랫동안 강하게 유지되었던 한국 여성들은 이 말이 무슨 의미인지 금방 이해할 것이다. 그래서 한국이나 일본 고유의 문화를 운운하면서 이러한 특징들을 들먹이는 것은 여성의 종속을 지속하는 기제이지 결코 여성 해방에 기여하지 못한다.

물론, 그렇다고 서구 중심의 보편주의를 받아들이는 것은 아니다. 다만 비서구 사회의 다름을 그들의 고유한 문화 때문이라는 식으로 환원하는 것을 경계하면서, 서구 사회와 비서구 사회의 경험 차이를 구성하는 역사적·경제적·사회적 요인을 더 심도 있게 파헤치려고 한다. 그래서 식민 시대 역사를 돌아보면서 어떻게 서구는 보편으로 구성되고 그들의 기획 하에 비서구 사회의 다름이 구성되었는지에 주목하는 것이 탈식민 연구들의 중요한 특징 중 하나이다.

그러나 이러한 작업은 이내 그 한계를 드러내고 마는데, 현재 비서구 사회의 모습이 전부 식민주의의 결과인 양 돌리는 것 역시 또 다른 환원주의가 되어 버리기 때문이다. 인간 세상은 한쪽의 일방적 작용만으로 돌아가지 않고, 여러 행위자의 작용과 반작용이 복합적으로 돌아가는 곳이다. 힘의 불균형이야 늘 존재하지만, 어느 한쪽의 일방적 작용으로만 혹은 인종이나 성과 같은 한 가지 요인으로만 설명하기에는 그 양상이 너무 복잡하다. 예를 들어, 트린 민하Trinh Minh-ha라는 베트남 출신 작가는 서구의 과학적 지성이 이야기story와 역사history를 구분하고, 따지고 분석하는 것만으로는 다 설명할 수 없는 전체적 지식으로서의 진리를 파편화하고 획일화하여 문명인들의 도구로 축소했다고 지적한다. 그리고 그 과정에서 이야기의 전수자들인 자기 문화의 여성들은 더 소외된 자리로 밀려났다고 말한다.

그러나 트린 민하의 책이 나오고 불과 십여 년 만인 2000년대에 들어서면서부터 베트남은 그 어느 때보다도 경제적 자신감을 가지고 자신들이 이루어 가는 산업화에 자부심을 느끼고 있다. 그렇게 빠르게 성장하는 베트남을 보면서, 그곳의 옛날 모습을 기억하는 서구인들은 과거에 자신이 즐거워하던 풍경이 사라지는 것에 안타까움을 느끼는 전형적 오리엔탈리즘의 정서를 느낀다. 이러한 현실에서, 트린 민하가 말하는, 서구의 개입으로 상실한 총체적 지식으로서의 이야기들, 약간은 목가적 농경 사회에 대한 향수 같은 이러한 이야기들은 식민주의의 야만을 드러내기는커녕 오히려 오리엔탈리즘의 정서를 부추기는 데 기여하게 된다. 게다가 이러한 근대화와 산업화의 주체가 서구가 아닌 자국민이 된 상황에서 계속해서 서구 탓만 할 수도 없다.

페미니즘은 이 모든 문제의 원인이 가부장제라고 말한다. 경쟁 사회, 환경 파괴, 전쟁, 식민주의 등 모든 것이 남성 중심 가부장제 사회가 만들어 놓은 산물이라고 말이다. 물론 모든 남성이 아니라 힘이 있는 알파 남성alpha male들이 문제이다. 엘리자베스 슈슬러 피오렌자는 가부장의 지배patriarchy 대신에 주인의 지배kyriarchy(그리스어로 주인이라는 뜻의 '큐리오스kyrios'를 붙여 만든 합성어이다)라는 개념을 만들었는데, 젠더 간 권력관계만이 아니라 특권층을 지지하는 시스템을 총체적으로 문제시하는 이 개념은, 남녀 대결 구도의 인상을 주는 가부장제라는 용어를 대체하면서 동시에 남자도 가부장제의 피해자라는 사실을 부각하는 장점이 있지만, 개념을 수정했다고 해서 현실적으로 더 많은 문제가 해결되는 것도 아니다. 오히려 이전보다 더 많은 사람을 나쁜 시스템의 공모자로 만들 뿐이다. 그렇다면 대안은 무엇인가? 종종 그 모습은 마치 존재하지도 않았던 낙원을 그리워하는 것처럼, 가부장제에 물들지 않은 순수한 여성들과 그들과 공존하는 비알파 남성들이 만들어 내는 어떤 이상향에 대한 향수로 나타나는데, 그래서 페미니즘은 종교가 되기 쉽다고 말하는 것이다. 종교는 낙원의 존재를 믿기도 하거니와 구체적 그림까지 그리기 때문이다.

작년에 번역한 미로슬라브 볼프Miroslav Volf의 《인간의 번영Flourishing》(IVP)은 이처럼 금세 한계를 드러내고 만 탈식민주의에 대한 대안적 작업이기도 하다. 근래의 세계사 연구는 세계가 우리 생각보다 훨씬 일찍부터 서로 교류하면서 살았다는 사실에 주목하는데, 그러한 관점에 따라 볼프도 세계화라는 현상은 오래전부터 있었고 다만 최근에 이루어지는 세계화는 자본주의라는 경제 체제가 주도하는 세계화라는 데 주목한다. 그는 서구-비서구라는 이분법을 해체하려 하면서도 여전히 그 구도에 사로잡혀 있던 탈식민주의적 관점에서 벗어나, 자본주의가 주도하는 세계화는 오늘날 모두에게 문제가 되고 있으며, 그러한 세계화에 견제 역할을 할 수 있는 것으로 세계 종교에 주목한다. 이것은 서구 사회가 서구의 과학/이성, 동양의 문화/종교라는 구도로 자신을 보편화했다고 보는 탈식민 관점을 수정하는 것으로, 근래에 세속화 이론이 폐기되고 후기 세속화 post-secular 논의가 확산하는 것과 맥을 같이한다. 앞에서도 말했듯, 세속화 이론은 신성한 덮개가 걷히고 종교의 사회적 역할이 후퇴하는 시대로 들어섰다는 이론인데, 21세기가 다가와도 종교의 역할이 사라지기는커녕 여전히 왕성한 것을 보면서 학자들은 세속화가 아니라 다원화가 진행되었다고 보기에 이르렀고, 피터 버거도 그렇게 자신의 입장을 수정했다.

종교는 과학과 달리 낙원의 존재, 곧 지금 세상과는 다른 세상의 존재를 믿기 때문에 이 사회가 지향해야 할 비전과 그 비전을 가능하게 해 주는 원천을 자신이 믿는 다른 세상의 존재에서 끌어올 수 있다. 기독교의 용어로 설명하면, 우리에게는 하나님나라가 이 사회가 지향해야 할 비전이자 그 비전을 가능하게 해 주는 원천이고, 그 원천의 중요한 근거로서 예수 그리스도의 행적이 있다. 볼프는 그러한 비전을 인간의 번영이라는 개념으로 설명하고 종교마다 그리는 인간 번영의 모습을 서로 논의하면서 합의점을 도출해 가면 세계화의 폐해를 줄일 수 있을 것이라고 주장한다.

볼프의 이러한 주장은 19세기 말부터 모든 종교를 같이 연구할 수 있는 한 가지 과학적 방법론을 찾으려 했던 서구 종교학의 시도에서 진일보했다고 할 수 있다. 이들의 노력은 결국 서구 기독교를 가장 발달한 종교 형태로 보는 제국주의의 관점을 극복하지 못했다는 비판을 받았는데, 볼프는 세계 종교의 관점에서 모든 세계 종교를 같은 선상에 놓고 그들이 합의할 수 있는 공통 언어를 과학적 방법론이 아닌, 세계 인류의 번영을 위해 공동 노력을 기울이는 민주적 합의 절차에서 찾음으로써 차이를 넘어서 서로 대화할 수 있는 길을 제시하고 있다. 앞에서 서구 계몽주의의 꿈과 종교학자들의 꿈이 만나는 부분을 지적했는데, 포스트모던 시대로 들어서면서 세계성과 낙원에 대한 분명한 비전을 가진 종교가, 세계의 모든 문제가 종교의 무지몽매함에서 비롯되었다는 계몽주의의 편견을 딛고 새로운 보편성의 자리를 차지할 기회를 다시 얻은 것인지도 모르겠다.

그러나 현장에서 이 대화를 주도하는 사람들은 이 기획 역시 금세 난항에 부딪히는 것을 경험하고 있다. 내가 지금 있는 연구소에서 만난 어떤 종교학자는 타종교와의 대화도 결국 유대교인 앞에서는 절대 언급하지 말아야 하는 것, 무슬림 앞에서는 절대 언급하지 말아야 하는 것들을 피해 가면서 그냥 듣기 좋은 빈말 잔치로 끝나는 경우가 많다고 했다. 볼프의 이 책이 처음 출간된 때(2015년)가 브렉시트Brexit가 결정되기 전, 트럼프가 당선되기 전인 것을 생각하면, 볼프가 희망적 사례로 제시한 기독교 우파의 민주 정치 참여는 다소 아이러니하게 느껴진다. 어쩌면 배타적 종교관과 다원주의적 정치관이 공존할 수 있다는 믿음 자체가 환상인지도 모른다. (책에서 볼프는 배타적 종교관이 비단 기독교에만 국한되지 않는다는 것을 보여 준다.) 볼프는 확고한 신념은 오히려 좋은 것이라고 칭찬하면서도 그 신념이 정치의 장에서는 다원주의를 포용하는 방식으로 개진되어야 한다고 주장하는데, 그것 자체가 이미 모순된 주문이 아니라면 적어도 약간은 순진한 주문이 아닌가 싶다. 오히려 자기 신념을 표방하는 장을 정치의 장으로 축소하는 것을 문제 삼아야 하는 것 아닌가.

현세에 대한 무관심을 조장하는 종교의 영성화는 정치적 권력 관계를 은폐했다는 비판을 받았고, 그래서 정치적 견해를 갖는 것이 신앙적 실천의 중요한 요소로 부상했다. 그러나 좋은 그리스도인이나 불교인 등이 가질 수 있는 정치적 견해가 한 가지만 있는 것도 아니고, 반드시 분명한 정치적 견해를 가져야만 실천적 신앙생활을 하는 것도 아니다. 실천을 자꾸 정치화하면 실천의 범위만 좁아지고, 그만큼 종교적 생활의 내용도 궁핍해진다. 정적에 대해 분노할 이유만 늘어나고 웃을 일은 줄어든다.

한편, 개인적인 것이 정치적인 것이라는 모토를 중요하게 여긴 1970년대 이후의 페미니즘은, 처음부터 정치와 불가분의 관계였기 때문에 종교와 결탁한 종교 페미니즘도 정치의 범주를 벗어나지 못한다. 종교 페미니스트의 입장에서 볼프가 제안한 기획의 심각한 결점은 그가 말하는 인간 번영에 젠더 관점이 부재한 것일 테다. 그러나 젠더 관점을 보완한다 해도 실천이 정치의 장으로 국한된다는 사실은 달라지지 않는다. 그리고 묘하게도, 정치의 장으로 국한될수록 페미니즘은 배타성을 띤다. 어떠한 방식으로든 여성이 집단으로서 계속해서 차별받고 있다는 것이 절대적 사실이 되지 않으면 페미니즘의 정치적 행동은 존재하기가 어렵기 때문이다. 그러나 여성들도 매우 다양한 개인이 모인 집단이기 때문에 페미니즘은 '교차성'이라는 이론으로 여성성과 주변성을 연결하여 페미니즘의 외연을 확장하려 한다. 교차성이란 성별 이외에도 인종, 계급, 성적 지향성, 종교 등의 요인이 교차적으로 작용해서 주변성을 만들어 낸다는 이론인데, 여성으로서 소외당했던 주변인으로서의 경험이 다른 요인으로 소외당하는 집단과 연대할 수 있게 해 준다는 것이다. 역으로, 여자든 남자든 이 요인 중 어느 하나라도 연관이 있다면 같은 주변인으로서 서로 연대할 수 있다는 뜻이기도 하다. 그러나 여성이라고 해서 다 주변인인 것도 아니고, 주변인으로 머물고 싶어 하는 것도 아니다. 가난한 사람은 가난을 탈출하기 원하듯, 탈출할 수 있는 수단만 있다면 자신의 주변적 지위에서 탈출하고 싶어 하는 게 인간이다. 그러한 욕망을 보이지 않는 인간이 드물기 때문에 그들을 특별히 성인 취급하는 것 아니겠는가. 그래서 정말로 주변인인 여성, 주변인인 것처럼 정치적 입장만 표방하는 여성, 주변인이 아니거나 주변인이기를 거부하는 여성 사이의 합의점은 사라지고, 페미니즘은 그냥 페미니즘이라는 배타적 집단으로 자리 잡게 된다.

어쩌면 이렇게 서구 계몽주의의 실험도, 여성 연대의 실험도, 종교 간 대화의 실험도 제각각 실패한 자리가 비로소 종교란 무엇인지에 대한 탐구를 제대로 시작할 수 있는 자리인지도 모른다. 코스워크 3학기 때부터 슬슬 논문을 구상하기 시작했는데, 이러한 관찰과 사고 과정은 점차 페미니즘과 종교를 분리해서 보게 해 주었다. 종교는 종교의 할 일이 있고, 페미니즘은 페미니즘의 할 일이 있다. 그런데 종교의 할 일은 한 종교에 소속됨으로써 비로소 구체적 형태를 띤다. 모든 사람을 사랑한다는 사람은 결국엔 아무도 사랑하지 않는 것이라는 말이 있듯, 이것저것 다 믿는다는 사람은 결국 아무것도 믿지 않는 것이기 때문이다.

2

국가와 종교, 한국과 기독교

한국 종교를 연구하는 학자들은 기독교라는 종교가 한국에 전해져서 비로소 종교적 배타성이라는 개념이 생겨났다고 하는데, 조선 시대 숭유억불 정책만 보아도 반드시 그렇지는 않다. 게다가 기독교가 처음 전파되었을 때도 상당한 박해가 있었다. 결국, 유일신교가 다신교를 배타한다면, 다신교는 유일신교를 배타하는 셈이다. 다신교는 네 신을 믿지 말라는 게 아니라 네 신도 믿고 이 신도 인정하라는 것인데, 유일신교의 신자가 그렇게 할 수 없다고 한다면 힘의 관계에 따라 유일신교가 박해를 받을 수 있다. 기독교 초기 역사가 그랬다. 제국의 통일성을 중요시한 로마는 황제 숭배를 만들어 내어 국가 의식에 편입했는데, 기독교인들에게 종교의 자유를 주지 않은 것이 아니라, 네 신도 믿고 로마 제국 시민으로서 의식도 행하라는 것이었다. 물론 종교적 성격을 띠고 있던 시민 의식을 거부할 자유를 주지 않았다는 면에서 완전한 종교의 자유를 준 것은 아니라고 할 수도 있지만, 앞에서 말한 신성한 덮개 이론으로 본다면 지금까지 세계 많은 나라가 종교의 자유를 허용하기보다는 자기 공동체의 존립에 더 비중을 두었던 입장이 이해가 되지 않는 것도 아니다.

신성한 덮개로서 종교는 현 사회의 존재 방식과 우주의 존재 방식을 일치시켜서 지금 살고 있는 사회가 최대한 자연스러운 것, 원래 그렇게 존재하는 것으로 인식시키는 데 중요한 역할을 한다고 했다. 그래서 인류가 사회라는 집단을 만들어 살기 시작할 때부터 종교는 사회와 불가분의 관계였다. 지금 이 사회가 언제든지 달라질 수 있는 임의 집단이 아니라 어느 정도 항구성이 있다고 인식시키고 그럼으로써 그 구성원이 안정적으로 살아가게 해 주는 것이 종교의 역할이었기 때문이다. 그러한 역할을 통해서 종교는 나와 세상이 관계하는 방식의 중요한 매개가 되기도 했다. 이것이 바뀐 것은 인류 전체 역사로 볼 때 불과 얼마 되지 않는다. 볼프는 세계 종교를 지역 종교와 구분하면서, 세계 종교는 그것이 발원한 지역을 떠나 다른 지역에 이식될 수 있으며 개인을 자신이 태어난 지역 공동체와 분리할 수 있는 특징을 가지고 있다고 했다. 그러나 이러한 세계 종교도 오랫동안 특정 지역의 정치 체제와 결탁해 있었다. 한 집단의 구성원에게 자기 세계의 존재 방식과 의미를 설명하는 역할을 계속해서 종교가 담당했기 때문이다. 하지만 원래 세계 종교들이 발원할 때는 기존 정치 체제에 대항하거나 그것과 결별했고, 따라서 세계 종교들의 원 정신은 특정 정치 체제와 결탁하지 않는 것이라고 볼프는 지적한다. 그리고 그는 세계 종교들이 그러한 자신의 원 정신을 비로소 회복할 수 있는 길을, 합리적 이성에 기초한 정치적 민주주의에서 찾고 있다.

미국은 이와 같은 민주주의의 발전을 자국민이 누리는 종교의 자유와 연결한다. 그러나 사실은 민주주의보다는 민족주의가 여러 종교를 상대화함으로써 종교의 자유를 유지하게 해 준다고 볼 수 있다. 민족주의가 상위 범주에 있기 때문에 특정 종교가 주도권을 잡는 것을 견제할 수 있는 것이다. 미국과 민족주의를 이렇게 연결하는 것이 생소한 사람도 있을 것이다. 그러나 미국이 가지는 민주주의에 대한 자부심 또한 민족주의의 한 측면이다. 언론의 자유, 양심의 자유, 나아가서 자유의 수호자라는 구호는 미국의 국민을 결집할 수 있는 강력한 구호이다. 미국은 자유를 수호해 온 역사가 자신들의 역사라고 기록했고, 그래서 좌파와 우파를 불문하고 자기 국가에 대해 깊은 자부심이 있다. 물론 이 자유라는 가치 자체가 비롯되는 더 상위의 범주, 종교적 범주가 존재하지 않는 것은 아니고, 그 종교가 바로 기독교라고 밝히는 것을 다소 꺼릴 수는 있어도, 그렇다고 기독교와의 연관성을 부인할 수 있는 것은 아니다. 그러나 교회의 삶으로 나타나는 기독교와는 또 다른, 미국인을 다른 민족과 구분해 주는 특징들을 구성하는 미국적 가치로서 자유와 민주주의의 수호자라는 타이틀은 그들 안의 다양한 차이를 봉합하는 효과를 발휘한다.

앞에서 우에노 치즈코가 모자 관계의 유대는 비단 일본에만 고유한 문화가 아니라 이탈리아나 유대교에도 있다고 말했다고 했는데, 그들 문화도 모자 간 유대가 강한 게 사실이지만, 그래도 우리는 일본인과 이탈리아인과 유대인을 구분한다. 이것은 단지 인종만의 문제가 아니다. 프랑스에서 오래 산 한국인은 한국에서만 산 한국인과는 분명 다른 프랑스인 같은 느낌이 있고, 미국에서 나서 자란 한국인에게는 미국인스러움이 있다. 심지어 일본에서 산 지 1년

밖에 되지 않은 나에게서도 일본인스러움을 느끼는 사람도 있다. 탈식민주의자들은 이러한 차이를 발생시키는 것을 문화로 환원해서 설명하는 것을 경계한다고 했는데, 그것을 다른 무엇이라고 칭하든, 이러한 차이가 존재한다는 것은 부인할 수 없는 사실이다. 민족이라는 것이 상상의 공동체라고 해서 그 구성원을 하나로 응집하는 게 다 그냥 임의적인 정치적 결정일 '뿐'인 것은 아니다. 그 구성원이 함께 살아온 역사와 더불어 그들의 문화를 구성하는 다양한 상징체계와 관습과 몸의 기억은 나라는 물리적 존재에 본질적인 것까지는 아니어도 쉽게 떼어놓을 수 없는 비교적 끈끈한 외피를 형성한다. 종교의 자유가 허용된 나라에서는 종교가 개인의 선택 문제로 축소되기 때문에 내가 이 세상에 안전하게 속해 있다는 것을 확신시켜 주는 물리적 테두리 역할을 제대로 하지 못할 수 있고, 그럴 때일수록 민족의 역할은 더 중요해진다. 다만 서구의 민족주의가 그들의 특수성으로 보이기보다는 보편성으로 보이는 이유는 민주주의라는 보편적 가치를 수호한다는 이미지 때문이기도 하고, 그 전에 그들이 세계 무대에서 한 번씩 해 왔던 제국의 역할 때문이기도 하다.

이러한 민족을 구성하는 데 종교는 여전히 중요한 역할

을 한다. 인류가 종교를 논외의 주제로, 사적 문제로 만들어 버린 역사는 비교적 짧을 뿐만 아니라, 미국의 예에서도 보듯이 종교를 사적 문제로 만들었다고 해서 종교가 공적 생활에 어떠한 식으로든 관여하지 않는 게 아니기 때문이다. 일본에 대해서는 아직 배워 가는 중이지만, 일본에서 스스로를 종교인이라고 생각하는 사람의 비율은 매우 낮다. 그렇다고 이들이 종교적이지 않은 것은 아니다. 다만 그것을 자신들의 문화라고 설명할 뿐이다. 일본의 문화는 개인이 택하는 종교보다 더 중요하고, 그 문화 안에는 신토와 불교의 여러 요소가 혼재되어 있다. 외국인들을 대상으로 한 자국어 교육 교재에서 어떠한 주제를 소개하는지는 한 나라가 외국인에게 자기 나라를 어떻게 재현하고자 하는지를 이해할 수 있는 중요한 경로 중 하나인데, 내가 공부하는 일본어 교재에서 바로 이 문제를 다루고 있다. 자신들이 문화적 관습으로 행하는 것들, 신년에 신사를 방문하고, 절에서 장례식을 치르고, 대길 소길을 점치는 부적을 뽑고 하는 것들을 종교 행위로 보는 외국인들을 만날 때 느끼는 일종의 당혹감 같은 것을 다루는 글이다. 이러한 종류의 글은 어느 한 종교의 멤버십을 택하면 다른 것과 혼재할 수 없는 것이 서구 유일신교의 특징인 반면, 일본은 여러 개가 혼재할 수 있는 다신교 사회라는 특징을 부각하기도 하지만, 더 중요하게는 그러한 일본의 특징을 부각함으로써 일본에서는 일본이라는 문화적·정신적 자산이 개인의 종교적 신념보다 더 상위 개념이라는 것을 은연중에 알리기도 한다. 이것은 비단 신토를 종교적 시민 의례로 통합했던 역사 때문만은 아닌 듯하다. 일본의 가톨릭 작가 엔도 슈사쿠는 일본이라는 토양을 진흙밭에 비유하는데, 서구의 것들은 그 진흙밭에 제대로 뿌리를 내리기 힘들다고 지적하면서 기독교가 일본에 정착하지 못한 이유를 설명한다.

이처럼 자신의 토양과 가까운 종교를 민족주의적 정서를 구성하는 자원으로 활용하는 사례가 21세기에 들어서면서 중국에서도 나타나고 있다. 경제적 성장을 어느 정도 확보한 중국은 근래에 와서 매우 적극적으로 유교를 자신들의 정신적 토대로 삼고 서구의 개인주의에 대항하는 중국의 내적 응집성의 자원으로 활용하고 있다. 이러한 유교 부활 움직임에는 여성들이 적극적으로 동참할 뿐만 아니라, 심지어 주도하기까지 한다. 자녀들에게 유교 고전을 읽히고, 공자 신당을 찾아가 복을 빌 뿐만 아니라, 유교 고전 강좌로 유명세를 떨치며 유교를 대중화하는 인물도 여성이다. 한편 이슬람권 나라들에서도 그 어느 때보다 종교적 정체성이 지역적 정체성에 중요한 요소로 부상하고 있고, 그러한 변화에 따라서 무슬림 여성들의 종교 페미니즘 작업도 더 활발해지고 있다. 그래서 1990년대 이후로 이슬람이라는 종교 안에서 페미니즘 작업을 하는 연구가 많이 쏟아져 나오고 있다.

그런데 이슬람 페미니즘 작업이 이집트, 이란, 모로코 등의 현지 그리고 미국 같은 서구 사회의 무슬림 디아스포라를 통해서 동시에 진행되고 있는 반면에, 유교 페미니즘 작업은 주로 서구 사회의 아시안 디아스포라들 사이에서 일어나고 있다. 이유는 여러 가지이겠지만, 우선 서구 사회와 대면해 온 각 지역의 역사적 차이와 유교와 이슬람의 종교적 특성의 차이를 꼽을 수 있을 것이다. 일단 종교적으로 가장 큰 차이는, 하나는 유일신교이고 하나는 자연 종교라는 것 외에, 유교의 창시자처럼 꼽히는 공자는 딱히 여성에 대해서 한 말이 없다는 것과—그는 여자와 아이는 다루기 힘들다는 정도의 말만 한 것으로 알려져 있다—이슬람의 창시자 모하메드는 분명하게 자기 공동체의 남녀 모두에게 신의 뜻을 따를 자격을 주었다는 것이다. 그래서 유교의 젠더 관계는 자연으로 환원되고 그렇기 때문에 딱히 항의할 대상도 기준도 없다면, 이슬람교는 초월적 신과 경전의 기록이 있어서 그것을 가지고 씨름하고 항의할 수 있다.

서구 사회와 대면한 역사적 차이로 보자면, 이슬람 페미니즘 작업이 많이 이루어지는 나라의 지식인들은 프랑스어든 영어든 식민 관계에 있었던 서구 나라의 언어와 모국어를 오가며 구사하는 사람들이 많은 반면, 중국 사회는 서구 언어가 자기 문화 안으로 그렇게 들어오지 않았고, 어느 정도 폐쇄적 사회로 20세기의 절반 정도를 보냈다. 이러한 상황에서 유교 페미니즘의 필요성에 대한 주장이 중국 본토가 아니라 서구에 기반을 둔 유교 문화권 출신 여성들에 의해서 주로 이루어진다는 것은 페미니즘이 사실상 서구의 유산이 맞다는 것을 어느 정도 입증하는 것이기도 하다. 앞에서도 언급했지만, 서구 사회가 동양 사회를 비문명화된 사회로 재현하는 기준 중 하나가 그들의 여성이 얼마나 '해방'되었느냐이기 때문에, 서구 사회에 오래 그리고 많이 노출될수록, 나의 종교적/문화적 유산이 여성을 정말로 억압하는지 아닌지에 대한 성찰을 불러일으키게 된다. 그것은 마치 "다른 집들도 다 우리 집 같은 줄 알았는데 알고 보니 아니더라"라는 식의 인식과 비슷하다. 그래서 그때부터 우리 집이 문제인지 다른 집이 문제인지를 따지게 되는

데, 다른 집들이 더 잘 살고 잘 나가면, 우리 집이 문제 있다는 결론을 내리기가 쉽다. 탈식민주의는 우리 집이 문제 있다는 결론을 내리게 하는 기준을 다른 집들이 설정했다는 것을 문제 삼는 것인데, 그래서 "우리 집이 문제가 있는 게 아니야"라는 것을 증명하려면 우리 방법대로 해도 너희만큼 잘 살 수 있다는 것을 보여 주는 수밖에 없다. (사실 탈식민주의는 이 증명 방법도 문제 삼기 때문에 세계화를 신식민주의로 규정하고 계속해서 저항하고 있다.) 그래서 유교 페미니즘의 등장은 유교 문화권 나라들의 경제적 성장과 연관이 있다. 유교가 다시 상관할 만하다는 것을 경제적 성장으로 입증했기 때문에, 그 안에서 여성이 끌어올 수 있는, 혹은 끌어왔다고 여겨지는 종교적/정신적 자원에도 눈을 돌리게 되는 것이다.

볼프의 논의로 다시 돌아가자면, 그는 서로 잘 살려는 이 경쟁이 바로 자본주의가 주도하는 세계화라고 말하고 그 세계화의 폐해를 제어하는 데 세계 종교의 역할에 주목한다. 그는 세계 종교가 세계화의 폐해를 제어하기보다 오히려 자신의 배타성에 묶여 갈등을 심화할 수도 있다고 지적하고, 실제로 그런 역사가 있다고 인정한다. 그럼에도 세계 종교에 희망이 있는 이유는, 원래 세계 종교가 발원할 때의 정신을 되살려 종교가 하나의 독자적 정치 세력과 결탁하지 않으면 세계 종교는 충분히 인류 공통의 번영에 기여할 수 있다고 보기 때문이다. 그러나 지금까지 보았듯이, 한 집단의 내적 응집성을 구성하는 정신적 자원이 상당 부분 종교에서 나온다면, 아무리 세계 종교라 하더라도 지역의 이해관계를 초월해서 존재하기란 쉬운 일이 아니다.

굵직하게 가톨릭, 정교회, 개신교의 모습으로 전 세계에 비교적 골고루 분포한 기독교의 경우, 그러한 분포 때문에 어쩌면 세계성을 논의하기가 조금 더 쉬운지도 모른다. 그러나 이 세계성이라는 것은 자칫 제국주의의 냄새를 풍길 수도 있기 때문에 언제나 조심스럽다. 기독교 확산의 역사가 식민 시대 역사와 어느 정도 궤적을 같이하기 때문이다. 그래서 자유주의자들은 종교적 차이를 넘어서는 기반으로 계몽주의적 합리성에 의지하는데, 그렇게 되면 이미 종교는 중요한 것이 아닌 게 되어 버린다는 함정이 있다. 자유와 평등을 말하기 위해서 종교를 빌려 올 뿐, 자유와 평등의 이념만으로는 다 설명할 수 없는 인간사의 복잡하고 모순된 경험 속에서 사람들이 기댔던 종교는 외면당하기 때문이다. 종교는 옳고 그름을 구분해 주는 역할을 하기도 하지만, 선과 악이 혼재하는 세상에서 길을 찾으려는 사람들이 의지할 수 있는 지팡이 역할도 해야 한다. 그래서 종교적 실천을 정치의 장으로 국한하면 종교도 정치도 같이 망한다. 예수님이 괜히 가이사의 것과 하나님의 것을 구분하신 게 아니다.

이처럼 세계화의 맥락에서 국가와 종교의 관계를 살펴볼 때, 한국과 기독교의 관계는 중요한 생각거리를 던져 준다. 종교 연구에서 한국은 매우 흥미로운 나라이다. 서양 종교 기독교와 동양 종교 불교 인구가 어느 정도 비슷한 비율로 존재하고, 유교라는 엘리트 종교와 샤머니즘이라는 원시 종교가 공존하며, 한국전쟁과 독재 정권을 지나면서 이념이 종교화하는 현상도 경험한 나라이기 때문이다. 이렇게 다양한 종교가 공존하는 사회에서 화합을 저해하는 세력이 배타적 보수 기독교라고 보는 사람이 많은데, 정적의 씨를 말리며 이어 간 조선의 역사로 볼 때 타자에 대한 배타성은 기독교가 가져온 문제라고 할 수 없다. 그래서 마치 보수 기독교가 모든 것의 문제인 양 하는 것은 서구에서 기독교를 비판해 온 역사에 편승하는 하나의 흐름일 뿐, 딱히 주체적 자세도 아니다.

한국 사회의 내적 응집성을 구성하는 정신적 자원을 주로 끌어온 종교는 유교라고 할 수 있는데, 호주제 폐지 운동이 마지막 여세를 몰아붙이던 1990년대 말, 성균관으로 대표되는 유교 세력만이 종교 집단 중에서 유일하게 반대하는 세력이었던 것을 보아도 알 수 있다. 흔히 한국적인 것을 논할 때 유교, 불교, 샤머니즘 등 다양한 종교를 끌어오지만, 종교학자 돈 베이커Don Baker가 말하듯, 실제 인간 사회의 윤리에 대해서 분명한 지침을 가진 것은 유교이고 따라서 다른 종교들도 일상에 중요한 인간사의 영역에서는 적어도 1,500년이라는 세월 동안 유교 윤리의 규범에 기대 왔다. 근대 사회로 오면서 유교는 한국의 근대적 성취를 방해하는 종교로 재현되기도 하고 근대적 성취의 근간이 되는 종교로 재현되기도 했는데, 적어도 여성의 지위와 관련된 문제에서만큼은 공통적으로 방해 세력으로 지목되었다. 그럼에도 완전히 유교적 가치를 버리기 힘든 이유는, 그것이 가족 윤리의 핵심을 이루고 있기 때문이다. 가족은 사람이 태어나 처음으로 자기 사회에서 사람으로 대우받고 사람으로 자라 가는 법을 배우는 장이다. 따라서 그것을 안정적으로 대체할 다른 포괄적 가치가 있지 않은 한 바꾸기가 힘들다.

그러나 호주제가 폐지되고 십여 년 정도가 흐른 오늘날 한국 사회는 그 어느 때보다도 이 가치가 도전받고 있는 실정이다. 하지만 민주화라는 이름으로 진행되고 있는 이

도전이 제시하는 대안은 과거에 대한 반작용이라는 것 외에 딱히 정체도 없이 부유하는 느낌이다. 사회에서 개인으로 존재한다는 것이 갖는 함의와 책임과 대인 관계의 방식에 대한 체계적 학습이 전혀 없는 상황에서, 그리고 개인주의의 한계와 부작용에 대한 인식과 처리 방안에 대한 숙고가 없는 상황에서 진행되는 이러한 민주화는 결국 한국 사회에 가장 익숙한 또 하나의 집단주의일 뿐이다. 그런데 집단주의가 아니라 정의처럼 포장하고 있어서 더 혼란스럽기만 하다. 만약에 기독교가 세계 종교로서 정말로 보편성이 있다면, 그것을 우리가 전유하는 방식은 이러한 집단주의에 편승하는 것이 아니라 좀 더 창의적인 방식들이어야 할 것이다. 교회는 그 창의성을 실험할 수 있는 중요한 장이기에 "교회가 망해야 정신 차린다"라는 식의 발언은 참으로 문제이지 않을 수 없다. 교회의 기득권을 지목하는 듯한 이 발언은 일면 정의롭게 들리지만, 결국은 같은 기득권끼리의 주도권 싸움에 불과하다. 이러한 파벌 싸움을 넘어서 동아시아에서 유일하게 활발한 교회를 가진 한국 사회가 기독교에서 얻을 수 있는 것, 그리고 세계 기독교에 기여할 수 있는 것을 제대로 찾아가려는 노력이 정말로 필요한 때가 왔다.

3 유교, 기독교, 여성

앞 장에서 유교 이야기를 했지만, 한국 여성으로서 내게 유교가 딱히 달가운 것은 아니다. 요즘 학계의 흐름은 유교, 기독교, 이슬람 등을 언급할 때 '어떤' 유교, '어떤' 기독교, '어떤' 이슬람 등을 언급하느냐고 묻는 것이다. 이것은 정통과 이단을 구분해 온 종교 역사를 비판하는 것이기도 하고, 특히 이러한 구분이 여성을 규제하는 것과 밀접한 관련이 있었기 때문에 더 따지는 것이기도 하다. 이단으로 규정하는 행위는 대체로 질서를 흐리는 행위이고, 그중에서도 사람들이 질서가 무너졌다고 가장 쉽게 생각하는 영역이 바로 남녀의 분명한 성 역할 구분이 흐려질 때이다. 그래서 정통을 주장하는 사람들은 대체로 여성들에게 엄격한 성

역할을 부과한다. 따라서 이러한 식으로 여성들을 통제하려 한 역사를 비판하면서 하나의 정통 유교, 기독교, 이슬람이 아니라 다양하게 혼재된 모습이 존재해 왔으며, 어떤 집단의 이익을 대변하기 위해서 정통 계보라는 것을 확립해 나가면서 비로소 정통과 이단의 구분이 존재하기 시작했다고 보는 것이다. 페미니즘 입장에서 이 '어떤 집단'은 당연히 남성 중심적 가치를 대변하는 집단이다.

자신이 공자의 78대손이라고 밝힌 공지영은 유교라는 것이 어릴 때 자신을 얼마나 옥죄었는지 모른다고 말하는데, 한국 문화에서 자란 여성이 기억하는 유교는 이처럼 "여자가 어디서 감히"라는 말로 요약되는 모든 것이다. 그렇기에 이러한 유교 전통을 한국의 오랜 미풍양속인 양 선전하면서 계속 이어 갈 것을 요구하는 사회는 다분히 여성 억압적 사회일 수밖에 없다. 그런데 한국에서 이러한 유교적 가치에 처음 대항할 때 자양분이 되어 준 사상이 기독교이다. 여성을 위한 공교육을 시작한 이들이 미국 선교사들인 만큼, 전통 가치에 대항하면서 그것을 대체할 수 있는 또 다른 포괄적 가치의 기반은 기독교가 제공해 줄 수밖에 없었다. 그리고 식민 시대 이후 기독교가 한국 사회의 주요 종교 중 하나로 자리 잡으면서 여성들은 유교의 유산과 완전히 결별할 수 있었다. 여기에서 완전한 결별이란 유교 유산의 흔적에서 완전히 자유로워졌다는 것이 아니라, 그 유산 안에서 내 이야기를 찾을 수도, 찾을 필요도 없을 만큼 거리를 두게 되었다는 말이다. 물론 기독교가 주요 종교가 되기 이전에도 유교 유산과 결별을 선언한 개인들이 있었고, 반드시 기독교인만 유교 유산과 결별한 것도 아니다. 그러나 문화 전반에 배어 있던 현상이 어느 날 전반적으로 낯선 모습으로 자리 잡게 되는 것은 인간관계의 기본 윤리를 대체하는 다른 가치가 어느 정도 스며들었기 때문에 가능하고, 나는 그 다른 가치의 상당 부분을 기독교가 차지했다고 본다. 사회 곳곳에 학교와 병원을 세우면서 시민사회로 깊이 들어온 기독교가 반드시 회심자를 얻은 것은 아니어도, 기독교 정신을 어느 정도 사회에 보급했으리라는 것은 상식으로도 가늠할 수 있다. 일본 사회는 일찍이 그러한 기독교 정신이 자기 사회에 스며들어 일본의 정체성을 흐리는 것을 막기 위해서 서구 정신과 서구 물질문명을 구분하고, 오직 물질문명만을 받아들이기 위해 서구 정신에 필적하는 일본 정신을 신토라는 국가 의례를 통해서 만들어 내었다. 따라서 기독교에 대해서 그러한 체계적 방어의 노력을 하지 않은 한국이 개신교 인구가 20퍼센트에

달하는 시점에 왔다면 여러모로 그 영향력을 무시하기 힘들 것이다.

이처럼 개신교 기독교가 들어온 지 100년이 넘는 세월이 지나면서 그 이전 500년의 기억은 어느 정도 지워지고 한국 여성들은 더는 유교에서 자신의 이야기를 찾을 필요가 없게 되었다. 그래서 3학기 때 만난 이집트인 교수가 너희 문화를 기반으로 생성된 페미니즘에 대해 논의하라는 과제를 주었을 때 다소 당황스러웠다. 내게 기독교는 서구 것이라기보다 서구를 초월한 진리였기 때문에, 그것에 대항하는 자기 문화의 유산을 굳이 찾을 필요가 없었다. 그만큼 기독교는 한국 종교가 되어 있었다. 하지만 이슬람이라는 자신의 종교와 문화에 자부심이 컸던 그분으로서는 서구 제국주의에 세뇌되지 않은 이상, 이렇게까지 자기 문화에 충성심이 없는 반응은 아마도 이해하기 힘들었을 것이다. 그래서 딱히 기꺼운 마음은 아니어도 유교와 페미니즘의 관계를 돌아보는 작업을 시작하게 되었다.

앞 장에서도 잠시 언급했듯, 한국에서 유교와 페미니즘은 양립할 수 없는 관계이다. 석사 시절에 가끔 페미니즘 관련 학회에 가면 나이 지긋한 남자분이 여자들이 가정을 지키지 않아서 사회가 무너지고 있다며 전혀 맥락에도 없는 발언을 하는 경우가 있었다. 그러면 발표자나 사회자는 연세 있는 분에게 뭐라 하기도 그래서 그냥 어색하게 웃고 넘어가곤 했는데, 사실 대응할 가치를 느끼지 못해서 그런 것이기도 했다. 이처럼 유교는 전통이라는 미명 아래, 인간답게 살려는 여성들의 발목을 자꾸 붙잡았다. 그리고 이에 대한 페미니스트들의 반응은, 진지하게 유교를 들여다보기보다는, 전통이라는 이름으로 여성을 속박하는 것으로 규정하고 상대하지 않는 쪽이 대세였다. 혹 연구를 하더라도 페미니즘과 선을 긋기 위해서 연구했다. 그리고 유교 부활의 바람을 주도하던 뚜웨이밍이라는 중국계 (남성) 학자가 유교와 페미니즘은 만날 수 있다고 자꾸 주장하는 것에 대해서 매우 불편한 심기를 드러내었다.

그래서 여성학과 시절에는 유교를 직접 접할 기회가 없었다. 그렇게 페미니스트들을 괴롭히는 전통인데 제대로 들여다보는 수업이 없었다는 게 이제 와서 생각하면 좀 신기하긴 한데, 어느 한 수업에서 그래도 필요성을 느낀 교수님이 우리에게 《소학》을 읽히셨다. 《소학》은 조선 건국 이념의 근간인 성리학의 주요 사상가 주자가 정리한 것으로, 한국에는 고려 말기 즈음에 이미 소개되었다. 조선 건국 얼마 후인 1407년에는 어린 학생들의 필독서로 도입했고, 더 널리 읽히기 위해서 1518년에 한글로 번역했다. 우리는 역사적으로 유례가 없는 유교 이념 프로젝트를 진행한 선조를 두었는데, 조선을 세운 사람들은 정말로 유교 이념으로 백성을 교육하면 이상적 사회를 만들 수 있다고 믿었다. 그래서 그 이념에 따라 사회의 일상적 실천들을 바꾸어 나갔는데, 이 책은 글을 접할 수 있고 글이 의미가 있는 계층의 자녀들을 유교 이념으로 사회화하는 데 중요한 역할을 했다.

수업에서 교수님이 이 책을 읽힌 이유는, 페미니스트들이 무슨 일을 하려 할 때마다 자꾸 유교가 발목을 잡는데, 그 이유를 좀 알아야 하지 않겠느냐는 취지에서였다. 정말로 책을 읽어 보니 유교는 생각보다 우리 가까이 있었다. 나는 기독교 집안에서 자랐지만, 우리 집의 윤리 규범은 소학 내용에 훨씬 더 가까웠다. 그럼에도 내가 유교를 그렇게 타자시할 수 있었던 이유는, 한국 사회에서 기독교가 표현되는 방식이 그만큼 폭넓게 자리 잡고 있었기 때문이다. 유교는 종교적 역할을 담당하는 별도 기관이 없기 때문에, 유교 이념의 가장 강력한 표현 장치인 왕권이 무너지자 가정의례로 축소되었다. 그래서 기독교 교회라고 하는 체계적 종교 제도가 자기 안에 개별 가정들을 흡수하고 예배와 기도회와 구역 모임 등을 통해서 삶의 경험을 이해하고 해석하는 언어를 기존 종교의 언어에서 기독교의 언어로 대체하고 나자, 내용은 유교적이어도 그것을 기독교의 틀 안에서 이해하고 해석할 수 있게 된 것이다.

가장 쉬운 예로 바울의 가정훈은 가부장제 사회에서 자신의 필요에 맞게 전유하기 좋은 구절이다. 사랑과 순종이라는 성 역할이 분명하고, 남편을 머리로 상정하기 때문이다. 이 성경 구절은 결혼했거나 결혼을 앞둔 사람들에게 부부나 부모라는 새로운 관계로 들어선 남녀가 자신이 경험하는 일들에 의미를 부여하고, 새 경험에 압도당하기보다 그것을 이끌고 나갈 수 있는 자원과 지침을 주기 위해서 많이 활용된다. 그 경험의 의미란, 결혼은 하나님이 거룩하게 하신 관계로서 물질적·기능적 단위를 넘어 영적 의미를 지닌다는 것이다. 그리고 그 관계를 잘 이끌기 위한 자원과 지침이란 바로 남편과 아내가 서로 가져야 하는 사랑과 순종의 태도이다. 이러한 의미와 지침은 현대화된 유교 윤리와 제법 잘 맞아 든다. 기존 유교 사회가 남자가 여러 여자와 관계하는 것에 관대했다면, 현대화된 유교 윤리는 (다분히 기독교의 영향으로) 적어도 법적 관계에서는 일부일처제를 지지한다. 법적 관계에 국한하여 이야기하는 이유는, 아들을 낳아야 한다는 명목으로 아내 이외 여자와 자는 것에 관대한 문화가 1960-70년대까지도 이어졌기 때문이다. 이는 유교 문화 안에서 생성된 가족 관계가 부부 중심이 아니라 부계 중심이기 때문에 가능한 현상인데, 기독교는 부계 중심 문화를 흡수하면서도 일반 사회보다 부부 중심성을 더 많이 강조했다. 그래서 성 역할의 구분은 고수하면서도 어느 정도 부계 중심 사회의 폐해를 수정할 수 있었다.

혹자는 부부 중심성에 대한 강조가 비단 기독교의 영향만은 아니라고 말할 것이다. 핵가족 사회로 들어서면서 몇 대가 모여 사는 전통 가족과 부부와 자녀 중심으로 구성된 현대 가족이 구분되었고, '현대'라는 말의 선진적 이미지에 따라 부부 중심 가족이 더 '좋은' 가족이라는 가치도 따라붙게 되었다. 물론 그렇다고 전통 가족이 완전히 후진적 가족이 된 것은 아니다. 상황에 따라 전통 가족은 미풍양속을 대변하기도 하고, 부부 중심 핵가족은 현대 사회의 이기주의를 표상하기도 하면서 두 모델은 서로를 타자 삼아 공존해 왔다. 그러나 이와 같은 전통 가치와 현대 가치의 대립 이외에, 확고하게 부부 중심 가족 관계가 좋다고 주장할 수 있는 기반은 사회적 담론보다 더 큰 권위를 가지는 종교적 가치에서 비롯된다. 기독교는 아담과 하와의 짝짓기 서사에 나오는 "남자가 부모를 떠나"(창 2:24)라는 구절에서 부부 중심 가족이 성경적 가족이라는 근거를 확보할 수 있기 때문에 그것의 우월적 가치를 주장할 수 있다. 반면에 유교는 아버지와 아들의 유대 관계를 근간으로 하고 부부의 유별을 규범으로 하기 때문에, 성 역할의 구분은 확고하게 지지해도 부부 중심 가족의 우월적 가치를 주장할 기반이 사실상 없는 셈이다. 물론 유교의 페미니즘적 전유를 주장하는 학자들은 좀 다르게 해석하는데, 이에 대해서는 조금 뒤에 살펴보기로 하고 먼저 유교의 종교성에 대한 이야기부터 해 보자.

유교가 종교냐 아니냐 하는 것은 학자들 간에도 의견이 분분하지만, 최근에는 종교라고 어느 정도 정리가 되어 가는 추세이다. 유교를 종교라고 규정하기 힘들었던 이유는 유교권 나라들 자체가 유교를 종교로 인식하지 않기 때문인데, 그것은 종교라는 개념 자체가 서구와 비서구가 달라서이기도 했다. 동양은 종교라는 말보다는 자연의 이치라는 말을 많이 쓴다. 그래서 종교를 따른다고 하지 않고 순리를 따른다고 한다. 나아가서 유교를 종교로 인식하기가 더 힘든 이유는, 유교가 별도의 종교 기관과 종교 전문가

들을 두고 있지 않기 때문이다. 그래서 앞에서도 언급했듯, 유교 이념의 가장 강력한 표현 장치인 왕권이 무너지자 유교는 가정의례 정도로 자리 잡게 되었다. 그래서 종교라기보다는 문화라는 인식이 더 강하다. 그러나 유교가 종교라는 것을 가장 확실하게 확인할 수 있는 것은 바로 젠더 관계에서이다.

앞에서 신성한 덮개로서 종교는 지금 우리가 경험하는 현실을 최대한 자연스럽게 여기게 만드는 역할을 하고, 그래야 비로소 세계가 성공적으로 만들어진다고 했다. 그런데 그중에서도 특히 젠더 관계의 규범이 불평등하지 않고 자연스러운 이치라고 보게 하는 데 있어서 종교가 하는 역할이 상당히 크다. 기독교에서 하나님이 남자와 여자를 그렇게 만드셨다고 하는 말만큼 강력한 설명이 없는 것만 보아도 알 수 있다. 유교 역시 남녀 관계에서 같은 역할을 한다. 즉 유교 사회가 지켜 온 젠더 규범이 구성된 것이 아니라 자연의 이치에 따른 것이라고 오랫동안 설득할 수 있었던 배경에는 유교의 종교성이 있다. 페미니즘이 이것을 제대로 인식하지 못하면, 왜 여전히 유교적 젠더 규범이 망령처럼 한국 사회를 떠돌고 있는지 끝내 이해하지 못할 것이고, 그 문화의 구성물로서 자기 안에 잔재하는 유교의 모습도 보지 못할 것이다.

유교와 기독교를 불문하고 그 갈래는 여럿이라는 말로 이 글을 시작했는데, 특히 유교는 자신을 대표하는 종교 기관이 없기 때문에 오랜 시간에 걸쳐 여러 분파로 발전한 이 전통을 정말 유교라는 이름하에 다 모을 수 있는지에 대해서 학자들 간에 의견이 분분하다. 그럼에도 중국, 한국, 일본, 베트남, 대만, 싱가포르 등에 존재하는 특정한 인간관계 방식을 논할 때 그것을 유교라는 틀에서 이야기하는 이유는 그것이 다른 문화들과는 구분되는 특징이 있기 때문이다. 그 특징은 바로 부계 중심의 가족 종교인데, 가족 자체가 하나의 종교적 단위로서 개인의 덕을 쌓는 장이자 개인의 행실에 의미를 부여하는 장이 된다는 뜻이다. 박완서가 이것을 잘 정리했는데, 그는 가족이란 단지 사랑하는 부부나 혈연관계가 아니라, 우리의 의식과 행동을 규제하는 윤리적 규범이라고 했다. 그래서 가족에게 걱정을 끼치지 않기 위해서 악의 유혹을 거부하고, 가족을 기쁘게 하기 위해서 정직하게 돈을 벌고, 의미 있는 일을 하려 하고, 학문적·예술적 성취를 이루려 한다는 것이다. 나아가서 그는 가족은 사랑을 배우는 장으로서, 형제 우애를 모르는 사람은 이웃도 사랑할 수 없다고 했다. 박완서는 유교의 부계 중심성을 확실히 비판했지만, 남녀에게는 서로 다른 윤리적 표현 방식이 있으며 그 윤리를 가족 안에서 조화롭게 실행해야 한다고 보았다.

박완서의 이러한 관점은 종교 페미니즘의 방법론 중 하나이기도 하다. 즉, 유교든 다른 종교든 그것의 가치 전체를 배격하는 것이 아니라 잘못 전수된 전통만 배격하는 것이다. 그러나 박완서의 관점이 다른 종교 페미니즘 작업과 다른 점은 그가 남녀에게 서로 다른 윤리적 표현 방식이 있다고 보았다는 점이다. 즉 그는 남자와 여자는 본질적으로 다르다고 보았다. 반면에 종교 페미니즘 관점에서 유교를 연구하는 학자들은 남녀의 차이를 인정하지 않으며, 따라서 서로 다른 윤리를 남녀에게 적용하지 않고 성 중립적인 '인仁'의 윤리를 남녀 모두 실천해야 하는 윤리로 상정한다. 그리고 남녀 상호 관계에 있어서는 남녀유별이 아닌 붕우유신의 윤리를 적용하여 남녀를 차별하는 관계를 수정하려 한다. 남녀유별은 성별 분리를 조장하지만, 부부가 서로 친구 같은 관계로 전환될 수 있다면, 그리고 실제로 그렇게 전환되고 있다면, 친구 관계의 윤리인 신의를 부부 관계에 적용함으로써 훨씬 더 민주적 관계를 구현할 수 있다는 것이다.

그러나 우리가 경험으로 잘 알듯이 친구처럼 지내던 사이도 결혼하는 순간 남편과 아내라는 역할로 들어갈 수밖에 없는 구조를 고려할 때 과연 얼마나 실현성이 있는 처방인지 의문이다. 결혼 전에 사귀는 남녀는 서로 친구처럼 지내기도 하고, 둘만의 약속으로 결혼해서도 계속 평등한 관계를 유지하자고 할 수 있다. 서로 노력하면 결혼 후에도 적당한 선에서 그 합의를 계속 지켜 갈 가능성이 아예 없지는 않다. 배우자의 가족과의 관계를 어떻게 조절할지를 합의하고 그것이 둘만의 평등한 관계를 심각하게 침해하지 못하게 막으려는 노력으로 둘만의 공간을 어느 정도 지킬 수 있을 것이다. 그러나 이미 친구가 아닌 남편과 아내가 된 이상, 게다가 아이까지 생겨 엄마와 아빠가 된 이상, 친구 관계라는 설정만으로는 봉합되지 않는 많은 경험 속에서 이내 길을 잃고 만다. 게다가 이러한 관계가 비단 둘만의 문제가 아니라 사회가 오랫동안 합의하고 이어 온 방식, 심지어 자연스럽다고 여기며 이어 온 방식과 얽혀 있다면, 친구처럼 평등하게 살자고 손가락 걸고 약속했던 맹세가 소꿉장난처럼 여겨지는 허망함은 어쩔 수 없다.

결국, 달라진 관계는 달라진 윤리 규범을 요구할 수밖에 없는데, 유교가 제공하는 이야기를 반드시 고수해야 하는 상황이 아니라면 유교 안에서 자원을 찾기보다 다른 가치로 눈을 돌리게 된다. 유교는 한국에서 발원한 종교도 아니고, 이미 그것을 배격한 역사도 길기 때문에 한국에서 굳이 유교를 옹호하지 않으려 하는 움직임은 타당하다. 그래서 페미니스트들은 인본주의적 가치에 근거한 자유와 평등의 이념에서 그 대안을 찾는다. 그 이념이 지향하는 사회는 남녀가 자유롭게 만나고 자유롭게 헤어질 수 있고, 아이는 여자가 원하는 때에 원하는 방식으로 가질 수 있으며, 여성들이 쉽게 받는 도덕적 낙인과 불평등한 돌봄 노동의 분배로부터 해방된 사회이다. 사랑과 돌봄이라는 가치도 여성들이 자유롭게 선택할 수 있는 사회에서 이루어지는 것이 아니라면 별 의미가 없다. 이러한 입장은 자유주의 기독교 안에서 페미니즘을 하려는 많은 사람도 수용하는 가치이다. 이들은 바울의 가정훈이 말하는 부부 관계는 기본적으로 가부장적 결혼 관계에서 비롯된다고 보고 그 규범을 따르는 대신, 평등한 관계에 대한 지지가 보다 확고한 갈라디아서 3장 28절을 모든 남녀 관계의 규범으로 본다.

그러나 페미니즘이 지지하는 이러한 가치가 모든 여성의 환영을 받지 못하는 이유는 이 역시 실현성이 별로 없기 때문이다. 적어도 한국 사회에서는 말이다. 사회의 모든 속박에서 자유로울 수 있는 여성은 아예 잃을 게 없는 여성이거나, 잃어도 티가 안 날 정도로 가진 게 많은 여성이고, 결국 적당하게 배우고 적당하게 가진 대다수 중산층 여성은 적당히 자기 체면 혹은 품위를 잃지 않으면서 자유를 구사할 수 있는 길을 찾아 갈 수밖에 없다. 여성들은 그 체면을 구기는 선이 어디인지에 예민하다. 그래서 다른 자원으로 그 손상을 적절히 덮을 수 없을 때는, 사회에서 대략 존중받는 여성의 모델을 자기 이야기로 취하게 된다. 한국 사회에서 존중받는 여성의 모델은 어느 정도 유교의 모습을 가지고 있으며, 그것과 적절하게 혼종된 인본주의 페미니즘이나 기독교의 모습으로 나타나기도 한다.

그러나 현실에서 나타나는 이러한 혼종성이 기독교인의 정체성을 흐릴 필요는 없다. 내 경험을 설명하는 주요 서사가 기독교의 자원과 틀에서 비롯된다면, 이 혼종된 모습 안에서 결국 모든 것을 정리해 주는 우위의 서사는 기독교라고 할 수 있기 때문이다. 이 확신이 깊다면 그 깊이만큼 살면 된다. 그리고 확신의 깊이만큼 자유도 따라온다는 게 신앙의 비밀이라면 비밀일 것이다.

4부

자기 자리를 찾다

1

한국 여성을 자리매김하는 방법 1

한국에서 내가 살던 곳은 경기도 대야미, 친정 부모님이 사시던 곳은 경기도 일산이었다. 같은 경기도이지만 경기도 사이를 오가는 게 경기도와 서울을 오가는 것보다 더 멀고 복잡하다. 적어도 대중교통으로는 그렇다. 경기도가 서울을 중심으로 빙 둘러 있는 지역인 데다, 서울의 베드타운처럼 되어 버린 경기도에서는 서울로 가는 교통편은 늘려도 경기도 간에는 교통편을 많이 배치하지 않기 때문이다. 그래서 한 번씩 부모님을 뵈러 갈 때면 서울을 거쳐서 가는 수밖에 없었는데, 차로 가면 40-50분이면 가는 거리를 꼬박 두 시간이 걸려서 가야 했다. (지금은 교통편이 나아졌지만 그래도 빨라야 한 시간 반이고, 결국 거의 두 시간이 걸리는 경우가 많다.)

미국에서 공부하면서 다양한 나라 친구들을 만나면서 한국에서 살 때의 이러한 교통 지도가 떠올랐다. 집값이 비싼 서울보다는 아무래도 경기도 주변으로 흩어져 살기가 쉬웠던 친구들을 만나는 길은 서울로 모이는 것이었다. 서울은 비단 경기도 주민만이 아니라 각 지방 사람들을 모으는 곳이다. 대학 다닐 때 정원 서른 명 중에 서울 출신은 열 명 남짓이고, 그 외에 제주도에서부터 강원도까지 다양한 지역 출신들이 과 구성원을 이루고 있었다. 내가 일부러 찾아다니면서는 만나지 못했을 지역 사람들을 서울에 가서 다 만난 셈이다.

마찬가지로 나는 미국에 거주하면서 이집트와 아랍, 동유럽 등에서 온 학생들을 만날 수 있었다. 그러나 그러한 사람들을 만났다는 사실보다 더 중요한 것은 한 나라의 여성으로서 내가 재현되는 방식이 처음으로 나 자신과 개인적 연관을 가지게 되었다는 사실이다. 물론 아주 처음은 아니다. 어린 시절 영국에서 학교를 다닐 때 한국이라는 이름조차 들어보지 못한 많은 친구들에게 나는 중국인도 일본인도 아니라고 설명해야 했지만, 한국이라는 나라를 이해할 아무런 인식틀이 없는 그들에게 이 설명은 그다지 효과가 없었다. 아마도 나를 알아 가면서 처음으로 한국이라는 나라를 어렴풋하게 인식하게 된 친구들이 많았을 것이다. 나중에 한국이 조금씩 국제적 인지도를 더해 갈 때 "아, 그때 한국에서 왔다는 여자애가 우리 반에 있었는데" 하고 떠올리며 "한국이 저런 나라였어?"라고 반응했을지도 모를 일이다.

아마도 내가 미국에서 어린 시절을 보냈으면 사정이 달랐을 것이다. 미국은 한국을 잘 알았다. 다만 한국전쟁의 한국에 대해서만 잘 안다는 게 함정이라면 함정일 것이다. 내가 미국에 있을 때도 한국에 대해서는 한국전쟁 외에 아는 게 없다고 한 사람들이 있었다. 결국 우리가 다른 나라에 대해서 알 수 있는 것은 뉴스에서 보도하는 내용으로 국한되는 경우가 많고, 아마도 최근처럼 북핵이 이슈가 되는 경우에는 한국전쟁의 역사가 다시 한 번 부각할 수밖에 없을 것이다. 한국전쟁의 나라로 기억하든, 방탄소년단의 나라로 기억하든, 미국 〈아이언 쉐프Iron Chef〉의 바비 플레이Bobby Flay가 자주 사용하여 널리 알려진 고추장의 나라로 기억하든, 의도적으로 관심을 두고 노력하지 않는 한, 한 나라와 그 국민에 대한 인식은 매우 얕고 편파적일 수밖에 없다.

일례로, 기숙사 싱크대가 새는 것을 계기로 알게 된 아제

르바이잔 친구가 있었다. 주말에 새는 것을 발견했기 때문에 관리 직원들 대신 당번을 서는 학생에게 연락할 수밖에 없었는데, 그때 마침 당번을 서던 친구였다. 그 후로 학교에서 기숙사를 오가는 길에 한 번씩 마주쳐서 몇 번 이야기할 기회가 있었다. 그렇게 서로 인사를 주고받으면서 알고 지낸 지 제법 오랜 시간이 지난 후에 그 친구가 너희 나라 사람들은 아주 전통적인 것 같다고 했다. 뜻밖의 말을 들은 내가 웃으면서 왜 그렇게 생각하느냐고 물었더니, 아직도 서로 머리를 숙이며 인사하지 않느냐고 했다. 우리 인사법이 그렇게 비칠 수 있다는 것을 그때 처음 알았다. 그래서 서양 사람들이 서로 악수하거나 손 흔들듯 우리는 목례를 하는 것이지, 그 자체가 전통적인 것은 아니라고 설명했다. 그 친구가 나라마다 인사법이 다를 수 있다는 사실을 몰라서 그런 말을 했을 것이라고는 생각하지 않는다. 하지만 우리가 외국에 가기 전에 아무리 그 나라 풍습을 익혀도 현지에서는 또 다른 법칙이 통용될 때가 있고, 상황별로 다른 경우도 많다. 맥락과 상황에 따라 다양한 경우가 존재하기 때문에 그 상황에 맞는 자연스러운 제스처들은 결국 그 문화를 깊이 아는 사람들만이 구현할 수 있다. 그런데 젊은 세대일수록 서구 문화에 많이 노출되어서 전통에 대한 인식이 흐리고 젊은 세대 문화를 초국가적으로 향유하는 경우가 많기 때문에, 미국까지 와서 사는 사람들이 계속 서로 목례로 인사하는 것이 아마도 독특해 보였을 것이다.

그럼에도 이 목례는 한국 문화에서 포기할 수 없는 것이다. 우리가 아무리 서구화해도 단지 연장자뿐 아니라 상대에게 예를 표하는 공식 인사법으로서 이 목례가 과연 사라질지 의문이다. 하지만 우리는 이러한 인사법을 굳이 전통적이라고 생각하지 않는다. 그렇다고 해서 그것을 이해할 수 있는 다른 인식의 틀이 없는 사람들이 그러한 행동을 전통적이라고 보는 것을 막을 수도 없다. 지금까지 오리엔탈리즘이 문제가 된 것은 타자에 대한 이러한 시선 안에 타자를 가두었기 때문인데, 오늘날에는 아시아계 배우나 코미디언에서부터 이슬람 페미니스트 작가로 분류되는 사람에 이르기까지 오리엔탈리즘 코드를 역이용해서 미국 사회에서 성공을 거두는 사람들이 생기면서, 누가 누구를 대상화하는지 분명한 선을 긋기도 어려워졌다. 그러나 현실에서의 이러한 빠른 변화와 달리 학계는 아무래도 변화가 느려서 기존 계보를 벗어나는 일이 쉽지 않다. 그러한 계보에 상대적으로 신경을 덜 쓸 수 있었던 이유는 내가 학계에서 자란 사람이 아니라 현실의 문제를 가지고 학계로 들어간 사람이기 때문이라고 생각한다.

공부가 현실과 따로 노는 것에 별 재미를 못 느껴서 학부 때 졸업 논문상을 받고도 대학원에 진학하지 않았던 터라 어떤 학문이 나를 설명해 주고 설명해 주지 못하는지에 좀 민감한 편이다. 기독교의 경우도 그랬다. 이렇게 엄청난 선언을 하는 종교가 나랑 상관이 있으려면 제대로 상관이 있어야지 그렇지 않을 거면 대충 교회 문턱이나 넘으며 살 필요가 없다고 생각했다. 그러한 성향을 가지고 있었기에 미국까지 와서 공부하는 마당에 이미 현실과 엇박자를 내기 시작한 탈식민주의 계보를 읊고 싶지 않았다. 이러한 결정은 이미 제3세계 여성을 논의하는 기존 방식에서 한 발짝 멀어지는 길이었다. 제3세계 여성이라는 범주 안에는 인종차별, 식민주의, 가부장제 역사를 공유한다고 여겨지는 여성들이 다 들어가 있다. 아메리카 원주민, 아메리카 흑인, 아시아 여성, 남미 여성 등 현재의 국적을 불문하고 이러한 역사를 공유하는 모든 여성을 망라하는 개념이다. 쉽게 말하면, 학계 안의 운동권이라고 볼 수 있다. 이들은 미국 주요 대학에 자리를 잡고서도 계속해서 미제국주의를 비판한다. 양심적 학문 활동은 충분히 바람직한 일이지만, 이미 제국의 시스템에 안정적으로 자리 잡고 앉아서 제국주의를 비판하는 것은 적어도 제3세계 여성에 대한 작업의 진정성을 어느 정도는 떨어뜨리지 않나 하는 생각이다. 실제로 내부에서도 이러한 비판의 목소리가 일고 있다. 미국과는 다른 조건에서 사는 현지 여성들을 대변한다는 미국의 제3세계 여성 학자들은 결국 자기 학문을 위해 그들을 전유할 뿐이라는 것이다.

제국 대 제3세계라는 구도의 연구나 논의가 갖는 이러한 한계에 대한 대안 중 하나는 제3세계 여성의 능동성을 더 부각하고 그들이 어떻게 다양한 자원을 활용하며 자신의 지위를 계속 협상하고 있는지를 보여 주는 것이다. 오리엔탈리즘 코드의 역이용도 바로 이러한 맥락에서 설명할 수 있다. 동양 여성을 바라보는 서구 시선에 적절하게 응하면서 그것을 역이용해 백인 사회의 특권을 향유하는 방법도 있는 것이다.

예를 들어, 거의 20여 년 전에 베트남에 가는 비행기에서 백인 남자와 베트남 여성 부부를 본 적이 있다. 어린아이를 둔 부부는 비지니스석에 부부와 아이, 아이 보모까지 다 같이 앉았다. 아이는 보모 손에 전적으로 맡긴 채, 엄마는 여유롭게 남편과 비행을 즐겼다. 가끔 아이가 보채면 엄마가 손을 뻗기도 했지만, 남편은 그냥 놔두라는 몸짓을 했다. 페미니즘 관점이든 탈식민주의 관점이든 이러한 관계는 심기를 불편하게 만든다. 그 관점에서 이 관계를 보는 한 가지 시선은 이 아시아 여성이 아무런 주체성 없이 자기 성을 팔아 서구 백인 남성 중심의 제국주의에 봉사한다는 것이다. 그러나 페미니즘 입장에서 볼 때 이러한 평가는 결국 여성 자신의 이익에 기여하기보다는 서구 남성과 대치하는 비서구 남성 중심의 민족주의에 봉사하는 것이기 때문에, 그렇게 단편적인 시선으로 보지 않는다.

이 부부가 어떻게 만나 결혼에 이르게 되었건, 이 관계는 백인/남성-아시아/여성의 기존 권력관계를 전복할 수 있는 여지가 얼마든지 있다. 몸이 섞이는 애정 관계란 이러한 표면적 권력관계만으로는 설명할 수 없는 복잡한 양상이 있기 때문이다. 그러나 자기 이익을 위해 움직이는 여성의 행위성에 방점을 둘수록 젠더 간 대결 구도가 분명해야 성립되는 페미니스트 정치와는 멀어질 수밖에 없는데, 그렇기 때문에 페미니즘 입장에서는 여전히 강하게 작동하는 가부장제의 헤게모니를 강조할 수밖에 없다. 그러니까 기존 젠더 질서에 대한 일방적 저항도, 일방적 동화도 아닌 다양한 방식의 저항과 동화가 공존하는 상황에서 그래도 여전히 여성들이 한 집단으로서 불평등한 권력관계에 있다는 것을 부각하기 위해서 가부장제 질서가 부드러운 형태로 우리 안에 자리 잡고 있다는 것을 강조하게 되는 것이다.

그러나 이러한 방식의 분석은 오히려 역효과를 가져오는데, 이렇게 체계적으로 스며든 가부장제에 무슨 수로 저항을 하는지가 일단 문제가 되고, 결국 주어진 시스템 안에서 자기에게 유리한 방향으로 움직인다는 분석은 굳이 페미니즘이 아니어도 할 수 있는 분석이기 때문이다. 즉 어떠한 연구를 페미니즘 관점의 연구로 만드는 것은 연구자의 관점일 뿐, 현실의 여성들은 오히려 페미니즘의 틀에서 자신의 경험을 분석하는 것에 거부감을 느낄 수도 있다. 여성이 자기 목소리를 낼 권리를 강조하는 페미니즘은 막상 그 여성의 목소리가 자신이 생각하는 목소리랑 다를 때 당황할 수밖에 없다. 이 여성은 '여성'이라는 경험에 아직 눈뜨지 못하고 허위의식에 빠졌다고 단정하자니 여성이 여성을 대상화하는 셈이라 차마 그러지는 못하겠고, 복합적 경험과 의식 안에 어떻게든 존재할 것이라고 믿는 페미니스트 의식을 찾아내는 한편 그것이 작위적으로 보이지 않게 하려니 결국 일정 정도의 저항 의식이 가부장제 헤게모니 안에서 적절한 타협의 모습으로 나타난다고밖에는 말할 수가 없는 것이다. 하지만 이러한 적절한 타협의 모습은 우리 어머니 세대도 이미 해 오고 있던 것들이라 별로 새롭지가 않다. 다만 여성에 대한 차별이 예전처럼 가시적이지 않은 오늘날에도 여전히 젠더 간 권력관계가 존재한다는 것을 보여 주는 데서 의미를 찾는 것인데, 이러한 헤게모니를 드러내는 것도 중요한 정치적 작업이라고 말할 수 있지만, 그래서 결국 나아가려는 방향이 무엇이냐고 할 때는 다시 미궁 속에 빠지게 된다. 페미니즘은 여성의 경험에 대한 연구를 기반으로 하는 학문인데, 여성들 자신이 뚜렷한 페미니스트 의식을 보이지 않는다면, 페미니즘이 대변한다는 여성과 페미니즘은 서로 유리될 수밖에 없기 때문이다.

이 방식 이외에 제3세계 여성을 연구하는 방법은 자신이 속한 전통 안에서 연구하는 방법이다. 즉 식민주의 역사와 가부장제를 공유하는 제3세계 여성들의 공통된 경험이라는 연구 틀을 쓰지 않고, 이슬람이나 유교 등의 전통을 기반으로 연구하는 것이다. 말하자면, 앞에서 논의한 이슬람 페미니즘과 유교 페미니즘의 방식들이다. 기독교 페미니즘의 경우, 기독교가 서구 전통에서 비롯되었기 때문에 비서구 기독교 여성을 논할 때는 기독교 전통과 결부하기보다는 기존 기독교를 비판하면서 제3세계 여성의 경험을 부각하는 탈식민주의 접근을 주로 취한다. 그러나 맨 앞 장에서도 언급했듯, 이러한 식의 연구 방법으로는 내가 알고 있는 한국 여성들의 경험을 제대로 드러낼 수가 없었다.

이슬람 페미니즘이나 유교 페미니즘은 그 전통을 자기 전통으로 확실하게 주장할 수 있는 집단들에 유리하다. 그래서 중국계 여성들이 유교 페미니즘을 한다. 한국 여성들도 더러 유교 페미니즘 작업을 하지만, 유교라는 전통 안에서 한국 여성의 경험을 계속 설명하기에는 그 언어가 점점 설득력을 잃고 있다. 그렇다면 나처럼 유교적 젠더 질서에 문제의식은 가지고 있되, 제3세계 여성 연구가 이루어지는 방식의 계보에는 들어가지 않는 여성들의 경험은 어떠한 틀에서 이야기할 수 있을까? 나는 분명히 기독교가 제시하는 젠더 규범이 유교의 젠더 규범보다는 낫다고 생각한다. 물론 기독교 안에 가부장성이 없다고 보지는 않지만, 그렇다고 기독교의 기본 합의 사항마저 다 부인하는 기독교 페미니즘의 방법은 해결책이 아니라고 생각한다. 그것은 결국 기독교보다 페미니즘을 우위에 두는 것이기 때문이고, 이미 설명했듯 페미니즘 자체를 그렇게 유지하려다 보면 페미니즘과 여성은 유리될 수밖에 없기 때문이다. 여성도 인간이라는 가장 기본적인 선언을 지지해 줄 수 있는 기반은 계몽주의 계보의 세속 인본주의에 기반한 페미니즘 아니면 종교인데, 페미니즘이 이렇게 다수의 여성과 유리되는 방향으로 가고 있다면, 페미니즘보다 더 포괄적인 기반을 가진 종교 안에서 이 논의를 이어 갈 수밖에 없다.

요즘처럼 한국에서 페미니즘이 대세인 때에 어떻게 페미니즘과 여성이 유리되고 있느냐고 반문할 수 있다. 그것은 마치 샤이shy한 보수가 생기는 것과 같은 논리이다. 페미니즘에 동조하고 그것을 조금이라도 아는 것이 지적이고 진보적이라는 인식이 사회 전반에 자리 잡고 나면, 대놓고 거기에 반대하는 사람은 없다. 골통 보수로 몰릴 각오를 하지 않는 한 말이다. 그러나 침묵이 곧 동의는 아니듯, 속으로는 다 자기 나름의 생각이 있다. 특히 경제적 성장 정도에 비해 젠더 격차에서는 거의 꼴찌에 가깝고 그래서 특수한 사례로 연구 대상이 되기까지 하는 한국과 일본의 경우, 진보를 자처하는 지식인들이 말하는 페미니즘과 실제 여성들의 생각과 행동 사이에는 제법 격차가 있을 것이라고 충분히 가정해 볼 수 있다.

박사 시험을 준비하는 중에 보츠와나에 갈 기회가 있었다. 그곳 여성들의 종교 경험을 인터뷰하기 위해서 종교여성학과 지도교수가 함께 갈 학생들을 모집했고, 마침 기회다 싶어서 지원했다. 미국 사람들답게 처음부터 단체로 움직이지 않고 각자 알아서 보츠와나까지 이동하여 현지에서 만나게 되어 있었기 때문에 이미 가는 것으로 알고 있던 가까운 친구 한 사람 외에는 누가 가는지도 모르고 혼자서 26시간 정도를 비행해 보츠와나까지 갔다. 가서 보니 대략 스무 명에 가깝게 모인 연구자들 가운데 나를 포함한 아시아인 두 명과 흑인 한 명을 제외하고는 다 백인 여성이었다. 다른 아시아 여성은 한국인 아버지와 일본인 어머니를 두었지만 미국에서 나고 자랐을 뿐만 아니라 미국 문화에 완전히 동화되어서 자기 부모의 문화 유산에 대해서 마치 남의 나라 이야기하듯 할 정도였다. 흑인 여성은 부모는 가나 출신이지만, 본인은 미국에서 나고 자란 미국 시민이었다. 결국 이 여성들 가운데 미국 이외의 국적을 가진 사람도 나 한 사람, 영어식으로 쉽게 발음되지 않는 이름을 가진 사람도 나 한 사람뿐이었다. 이러한 내 위치가 다소 이질적으로 느껴진 이유는, 각자 돌아가며 현지 여성들에게 우리를 소개할 때 나 혼자서만 한국에서 온 여성이라고 소개할 수밖에 없었기 때문이다. 같은 팀으로 연구를 하러 왔지만 나 자신을 미국에서 왔다고 소개할 수 없었던 이유는 미국은 나를 대변하는 나라가 아니었기 때문이다. 그렇다고 해서 한국 여성이라는 나의 위치가 연구 대상이 되고 있는 현지 여성들과 더 쉽게 연대할 수 있는 위치도 아니었다. 백인도, 미국인도 아닌 나는 그들에게도 이질적 존재였다. 오랫동안 영국의 보호령이었던 보츠와나는 대부분의 사람이 영어 이름을 가지고 있었다. 그래서 그들은 안 그래도 외국인들이 어려워하는 이중모음을 두 글자에나 가지고 있는 내 이름을 쉽게 발음하지 못했다. 보츠와나에서 제일 많이 접할 수 있는 아시아인은 중국인이었다. 보츠와나의 산업화에 중국 자본이 많이 들어와 있었기 때문이다. 그래서 지도교수는 현지에서 중국인들이 다른 나라의 어글리 아메리칸과 같은 일들을 하고 있다고 내게 귀띔해 줬었다. 돈으로 유세 떠는 못난 일을 하고 있다는 말이었다. 확인할 길은 없었지만 한국을 잘 모르는 그들이 미국계 아시아인도 아닌 나를 이해하는 가장 가까운 틀은 어쩌면 보츠와나에 와 있는 중국인들이었을지도 모를 일이다.

우리가 인터뷰한 여성들은 오순절파 여성, 가톨릭 여성, 루터파 여성, 독립 교회 여성, 모르몬교 여성, 무슬림 여성 등 다양했다. 일요일을 두 번 끼고 간 일정이라 일요일마다 자신이 가고 싶은 종교 단체를 방문할 수 있었는데, 나는 오순절 교회와 가톨릭 교회를 택했다. 오순절 교회에서는 뜻밖의 만남이 있었는데, 세계에서 제일 큰 오순절 교회가 있는 한국을 아는 사람을 만난 것이었다. 그러나 한국에서 온 나를 그 교회에 대한 지식을 기반으로만 바라보는 시선이 그다지 편하지만은 않았다. 하지만 가톨릭 교회에서 예배를 드릴 때는 달랐다. 그곳에서는 따로 인터뷰할 사례가 없어서 그냥 예배만 드렸는데, 내가 어려서부터 익숙하게 부르던 찬송을 불렀다. 찬송을 따라 부르면서 나도 모르게 깊이 감동했다. 보츠와나어와 영어로 번갈아 부르는 찬송을 따라 하면서 이 종교에는 역시 서구 제국주의가 곳곳에 퍼트린 결과로 생긴 종교라고만은 말할 수 없는 무언가가 있다고 생각할 수밖에 없었다. 제국주의의 결과로 현지 주민들이 생각 없이 그 종교를 받아들였다고 하기에 이들은 너무 진지했고, 그러한 식으로 기독교를 평가하는 것은 이 종교 안에서 자신을 형성해 가는 사람들에 대한 올바른 이해를 낳지도 못한다. 한국 여성이라는 이질감을 이 예배를 통해 해소하면서, 내가 한국 여성으로서 나를 이야기하는 방식에서 좀 더 보편적 언어는 역시 기독교 안에서 찾을 수밖에 없다는 것, 그리고 그 기독교는 자유주의의 구미에 맞게 이렇게 저렇게 해체된 기독교는 아니라는 좀 더 분명한 깨달음을 이 여행을 통해서 얻게 되었다.

2

한국 여성을 자리매김하는 방법 2

보츠와나에 같이 갔던 친구는 나와는 다른 가톨릭 교회에서 예배를 드리고 그곳에서 몇몇 사람을 인터뷰했는데, 보츠와나 여성들이 스스로를 교회의 실세로 인식하고 있는 것에 사뭇 놀라워했다. 서구인의 눈에 보수적 구조를 유지하고 있는 비서구 여성들은 마치 그 구조의 권위를 다 받아들이고 굴복하는 것처럼 보일 수 있다. 그래서 이 현지 여성들이 배후 실세라는 인식을 가지고 있다는 사실에 놀라는 것이다. 아마도 서구인들은 그렇다면 왜 이들이 좀 더 평등하거나 동등한 대우를 요구하는 운동을 조직하지 않는지 궁금할 것이다. 문화 상대주의의 입장에 있는 인류학자라면 이것은 각 나라의 문화 차이일 뿐 거기에 외부인이 개입할 여지는 없다고 볼 것이다. 그러나 페미니스트라면 이것을 문화 상대주의로 돌리는 게 바로 여성 인권 이슈를 제기하지 못하게 하는 걸림돌이라고 할 것이다. 그리고 늘 그렇듯 현실은 이 둘의 적절한 조합 어딘가에 있다. 즉 문화 차이이기도 하고, 그 문화가 때로는 여성에 대한 차별을 정당화하기도 하는 것이다. 그러나 그 문화가 차별'만' 하는 것은 아니다.

아주 거칠게 전통적 가정과 현대적 가정을 이야기할 때 이 둘의 가장 큰 차이는 가정을 여성의 우선적 자리로 보느냐 아니냐이다. 전통적 가정은 여성이 때에 따라 임금 노동을 할 수는 있지만, 그것은 임시일 뿐 본업은 집에서 어머니, 아내, (한국 사회의 경우) 며느리 노릇을 잘하는 것이라고 본다. 물론 경우에 따라서 여성이 임금 노동을 하는 것 자체가 가장의 체면을 깎는다고 볼 정도로 전통적인 입장도 있다. 여성과 가정을 이렇게 묶어 두는 것은 서구 사회도 마찬가지이다. 미국 클린턴 정부 시절에 있었던 일명 내니게이트Nannygate 사건은 공적 공간에서 일하는 여성들에게 여전히 육아의 책임을 묻는 문화가 잔존하는 것을 보여주는 사건으로 꼽힌다. 법무장관 후보의 검증 과정에서 후보자 여성이 불법 이민자를 보모로 고용한 사실 때문에 논란이 된 이 사건은, 남자와는 달리 여자가 밖에서 일하면 애는 어떻게 하고 왔느냐고 묻는 일반적 인식이 어떻게 여성 정치인에게 불리하게 작용하는지를 보여 주는 사건이었다. 그러나 또 한편으로는 여성들 안의 계급 차이를 드러내는 문제이기도 했다. 가정도 돌보고 일도 하려면 누군가는 여성이 집에서 하던 일을 해야 하고, 그것을 돈으로 해결할 수 있는 사람과 없는 사람 사이에는 차이가 있을 수밖에 없다. 따라서 페미니스트들은 이에 대한 이상적 해결책은 국가가 누구나 싸고 편하게 믿고 이용할 수 있는 육아 시설을 제공해 주는 것이라고 주장한다. 그러나 그러한 시설이 있다 해도 결국 어느 시설에 맡기는 게 좋은지 알아보고, 결정하고, 데려다주고 데려오고, 문제가 생기면 달려가는 일을 여성이 담당한다면, 여성과 육아의 고리는 여전히 존재하는 셈이다.

지금 한국 사회에서는 이러한 여성과 육아라는 고리의 부정적 측면을 많이 부각하고 있다. 여전히 결혼, 임신, 출산으로 직장에서 부당한 대우를 당하는 경우가 많기 때문이다. 그래서 결혼, 임신, 출산 자체를 부정적으로 보는 견해도 늘고 있다. 아마도 우리 사회가 오랫동안 여성을 그러한 역할에만 국한해서 바라본 것에 대한 반작용이겠지만,

이렇게 결혼, 임신, 출산 자체를 부정적으로 만들어 버리는 게 반드시 여성을 행복하게 하는 것은 아니다. 전통적 가정이 여성의 새로운 욕망에 적절하게 대응하지 못한 것은 사실이지만, 적어도 여성이 하는 한 가지 중요한 일에 대해서는 긍정적 가치를 부여했다. 그런데 그 일을 제대로 평가할 다른 이야기를 만들어 내지 못하는 상황에서 계속 그 일 때문에 그동안 여성이 부당하게 대우받은 면만 강조하면 여성의 선택지는 오히려 좁아진다. 자신이 정당하게 선택할 수 있는 일의 가치가 하락하면 그것을 선택하는 데 오히려 변명이 필요해지기 때문이다. 유진 피터슨의 집을 방문했을 때 그에게 페미니즘에 대해서도 질문했는데, 그의 아내가 자신은 목사의 아내로 사는 데 만족했는데, 미국에서 한참 페미니즘 운동이 일던 1960-70년대에 자신이 위축되더라는 말을 했다. 마치 자신도 나가서 일해야 할 것 같은 압박을 받았기 때문이다.

여성이 전통적으로 해 오던 일을 부정적으로 보기 시작하면 그 안에서 여성에게 있던 힘/권력도 동시에 잃게 된다. 그 힘/권력의 기반을 사회적 성취이든 돈이든 다른 것으로 대체할 수도 있겠지만, 특이하게도 사회는 남성에게는 그러한 자원을 쉽게 힘/권력과 연결해 주어도 여성에게는 그렇게 쉽게 연결해 주지 않는다. 물론 돈이 최고인 세상인 만큼 돈 많은 여자가 남자에게 영향력을 행사할 수 있지만, 어느 날 남자의 자식을 데리고 나타나는 여자도 그에 못지 않은 영향력을 남자에게 행사할 수 있다. 이것과 연관해서 일본의 여성 작가 다나베 세이코는 아주 흥미로운 분석을 한다.

그는 여성의 성욕에 대해서 이렇게 설명한다. "여자의 그것은 느리고 느긋하고 지긋하며 길고 천천히 피어난다. 다시 말해 남편을 두고 아이를 낳아 키워 세상에 내보내는 그 모든 행위가 성욕인 것이다"(《여자는 허벅지》, 바다출판사). 따라서 "남자가 가벼운 마음으로 여자를 유혹하려고 하는 건 무거운 죄다"라고 말한다. 이렇게 느긋하고 지긋한 여자의 성욕에 있어 만족이란, "남자를 거미줄로 공들여 휘감고 아이를 만들어 둥지를 꾸리는 그 긴 시간 동안의 충족을 말하는 것이다. 한두 번 만났다가 헤어지는 것으로 끝나는 남자의 성욕과는 근본부터가 다르다. 알겠는가?"

"남자를 거미줄로 공들여 휘감는다"라는 표현에서 보듯, 여성의 성욕에 대한 이와 같은 설명은 어떻게 여성에게 가정을 꾸리고 아이를 낳고 하는 것이 돈이나 사회적 성취와는 다른 힘/권력의 기반이 될 수 있는지를 보여 준다. 성생활을 하는 모든 여성이 자신의 성욕에 대해 이 작가와 같은 관점을 가지고 있지는 않을 것이다. 그러나 완전히 불임 시술을 하지 않은 이상 성관계를 가질 때마다 어느 정도 임신 위험을 안고 있는 여성으로서, 이 말은 한번 생각해 봄 직하다. 우리에게 성관계는 그냥 한 번의 즐거움으로 생각하기에는 따라오는 뒷처리의 부담이 남자와는 비교할 수 없게 크다. 피임이든, 사후 피임이든, 낙태이든, 아무리 여성에게 선택권이 다양하게 주어져도 자기 몸에 어느 정도 해를 가하지 않고 이루어지는 방법은 없다. 아이러니하게도, 여성에게 낙태가 쉬워지면 쉬워질수록 남자는 더 무책임해진다. 최근에 읽고 있는 일본의 여자 산부인과 의사가 쓴 여성 건강에 대한 만화책에서는, 남자들이 자기도 아이 좋아한다고 했다가 막상 여자가 임신하면 자신이 없다고 뒤로 내빼는 경우가 많고 그래서 낙태를 하러 오는 여성이 많다면서, 모든 섹스는 임신 가능성을 안고 있다는 것을 확고하게 인지하고 피임을 철저히 하라고 강조한다. 이처럼 낙태가 비교적 용이한 사회이지만 그것이 곧 여성의 자유와 직결되지는 않는다.

한국도 한참 인구 억제 정책을 쓸 때는 낙태에 관대했다. 그런데 결혼하지 않은 여성보다 결혼한 여성이 낙태를 더 많이 했다. 피임의 한 방법으로 낙태를 했기 때문이다. 결혼하지 않은 여성은 성생활과 임신에 대한 사회적 지탄이 심했기 때문에 더 신중할 수밖에 없었다면, 결혼한 여성은 성생활이 별로 흠이 되는 일이 아니었기에 그렇게 철저하게 피임해야 한다는 생각을 하지 않았을 수도 있다. 실제로 통계상으로도 그렇고 내 주변에서도 나보다 열 살에서 스무 살 정도 연장자인 결혼한 여성들은 두세 번씩 낙태한 경우도 많았다. 나중에는 성감별 낙태까지 더해져 결국 한국 사회에서 낙태란 여성의 권리이기보다는 가부장 사회의 구조를 지지하는 도구가 되었다. 서구 사회와 달리 한국에서 페미니스트들이 낙태권을 강조하지 않은 것은 바로 이러한 이유 때문이다. 그러나 인구 감소가 문제가 되면서 점점 낙태가 예전만큼 쉽지도 않을 뿐만 아니라, 결혼과 남녀 관계에 대한 인식도 이전과는 많이 다른 세대가 등장하면서 한국에서도 낙태권이 이슈가 되기 시작한 것으로 보인다.

한편 일본 사회에서 낙태가 쉬운 이유는 낙태 허가 조항에 경제적 이유가 들어가 있기 때문이라고 한다. 아이를 제대로 양육할 경제 여건이 되지 않는다면 낙태할 수 있다는 이야기인데, 낙태를 허용하는 경제적 여건이 무엇인지에 대한 객관적 기준이 설정된 것이 아니기 때문에 얼마든지 경제적 이유를 대고 낙태 시술을 할 수 있다. 한국 사회는 그러한 조항이 없음에도 낙태가 용이했던 이유는 법은 있어도 그 법을 강제할 의지가 없었기 때문이다. 낙태에 대한 이러한 태도는 낙태를 여성의 권리로서 싸워 온 미국의 맥락과는 상당한 차이가 있는데, 한국과 일본의 낙태는 여성 개인의 권리 차원보다는 아이의 양육 조건과 같은 좀 더 넓은 모자 관계 맥락에서 이해되고 있다.

이런 차이는 다나베 세이코가 이야기하는 여성의 성욕이 한국이나 일본 사회의 여성에 대한 묘사로 더 적합하다는 것을 암시하기도 한다. 다나베 세이코와 비슷한 세대의 여성인 박완서가 묘사하는 성욕을 보면 조금 더 이해가 될 것이다. 그의 단편 소설 〈마른 꽃〉은 남편을 먼저 보낸 노년의 여성이 고속버스에서 우연히 만난 상처한 노신사와 나눈 잠깐의 연애 감정 이야기인데, 주변 권유에도 그 신사와 재혼을 고려하지 않는 여주인공의 설명에서 다나베 세이코가 말하는 여성의 성욕의 일면을 다시 볼 수 있다.

> 연애 감정은 젊었을 때와 조금도 다르지 않은데 정욕이 비어 있었다. 정서로 충족되는 연애는 겉멋에 불과했다.…아

무리 멋쟁이라고 해도 어쩔 수 없이 닥칠 늙음의 속성들이 그렇게 투명하게 보일 수가 없었다.…그런 것들을 아무렇지도 않게 견딘다는 것은 사랑만 있다고 되는 것은 아니다. 적어도 같이 아이를 만들고, 낳고, 기르는 그 짐승스러운 시간을 같이한 사이가 아니면 안 되리라. 겉멋에 비해 정욕이 얼마나 아름다운 것인지 이제야 알 것 같았다.

여기에서 여주인공이 말하는 "아이를 만들고, 낳고, 기르는 그 짐승스러운 시간"으로서의 정욕은, 다나베 세이코가 말하는 "남편을 두고 아이를 낳아 키워 세상에 내보내는 그 모든 행위"로서의 성욕과 통한다. 한국과 일본 문화에서 여성의 성은 이렇듯 여성 개인이 남성 개인과 나누는 로맨스의 일부가 아니라 이 성을 통해 이루는 가족과 긴밀하게 얽혀 있다. 아무리 근대화가 이루어지고 부부 중심 가족을 현대화된 가족 모델로 내세워도 한국과 일본에서는 미국과 같은 커플 문화가 생성되지 않고 있다. 영국과 홍콩 여성의 섹슈얼리티를 비교한 연구에서도 비슷한 보고가 있었다. 영국 여성들은 임신을 빌미로 하는 결혼은 아이 때문이지 자신을 사랑하기 때문에 결혼하는 것이 아니라고 보고 꺼리는 반면, 홍콩 여성들은 임신했을 경우에 남자가 결혼해 주면 키우고 그렇지 않으면 낙태한다고 한다. 섹스가 남녀의 애정을 위한 것이고 아이는 부부관계를 방해할 수 있는 존재로 인식되기도 하는 서구 사회와 달리, 유교 문화권에서 아이는 부부의 정을 이어 주는 중요한 끈이다. 그리고 그러한 문화에서 나타나는 동성 간 유대는 커플 중심 문화에서와는 차이가 있다. 사카이 준코라는 일본의 에세이스트는 《저도 중년은 처음입니다》(바다출판사)에서 그 차이를 이렇게 설명한다.

> 이웃 나라 한국은 일본과 마찬가지로 유교 문화권이고 커플 문화가 아닌 동성끼리의 문화가 있다. 게다가 고령화, 저출산화가 진행 중이기 때문에 필연적으로 동성끼리 여행하게 될 때도 많다. 일본 중년 여자 둘 혹은 그 이상이 한국을 여행한다고 해도 위화감이 들지는 않는다. 반면 미국이나 유럽처럼 커플 문화가 존재하는 나라에서 중년 여자들끼리 여행하면 안 좋은 쪽으로 두드러질 때가 있다. 일본 중년 여자들은 돈이 있는 편이라 고급 호텔에 묵고 화려하게 치장하고 고급 레스토랑에도 간다. 그런데 그런 장소를 중년 여자끼리 간다는 것은 이상하다.

혹 〈섹스 앤 더 시티〉를 떠올리며 미국에서도 여자들끼리 놀지 않냐고 반문할 수 있는데, 그 서사의 중심은 결국 연애이고 각자의 짝 찾기이지 동성 간 유대가 아니다. 그나마 그 정도의 동성 간 유대를 보일 수 있는 것도 페미니즘의 영향이라면 영향이겠지만 말이다. 반면에 한국이나 일본 같은 나라에서는 여자들끼리 몰려다니는 게 딱히 시선을 끌 일도 아니고 오히려 자연스럽다.

물론 현재의 젊은 세대가 나나 이 저자와 같은 중년의 나이로 접어들면 지금과는 다른 양상의 커플 문화가 한국이나 일본 사회에 자리 잡을 수도 있다. 그래서 동성 간 문화가 커플 중심 문화로 바뀌면서 여러 변형이 생겨날 수 있다. 그러나 일본의 여성학자 우에노 치즈코는《비혼입니다만, 그게 어쨌다구요?!》(동녘)에서 적어도 현재까지는 "이성애 커플이 이성애로 안착할 수 있는 모델이 없었다"라고 말한다. 그는 현재 일본 사회에 존재하는 이성애 커플 모델은 "아버지-딸 모델, 남매 모델, 엄마-아들 모델" 등 친족 관계 모델이라고 지적하는데, 한국도 크게 다르지 않다. 연상의 남자를 사귈 때는 오빠라 부르고, 그 오빠가 결혼하면 아빠가 된다. 나중에 그 아빠는 집안의 큰아들이 된다. 같은 맥락에서 사카이 준코는 "일본의 중년 붐은 프랑스처럼 성숙한 여성을 선호하는 남자가 늘어서 생긴 게 아니라… 일본 남성은 '엄마한테 보살핌받고 싶다'는 감각으로 중년 여성을 좋아하는 것 아닐까"라고 지적한다(《저도 중년은 처음입니다》).

좋은 아내란 "내 엄마한테 잘하고 내 자식 잘 키우는 여자"라는 인식이 오랫동안 자리 잡은 사회에서 아무래도 서구 같은 형태의 커플 문화는 쉽게 생성되기 힘들 것이다. 이렇게 가족 관계로 유비가 이루어지는 이성애 관계는 여성을 개인으로 보기보다는 여전히 가정에서의 역할을 중심으로 본다는 것 때문에 부정적으로 바라보는 시선이 많은데, 이러한 가족 문화에서 생성된 동성 간 유대 관계는 사실 중요한 자원이다. 오히려 서구에서는 커플 중심 문화를 깨고 여성의 연대를 형성할 수 있는 기반이 페미니즘밖에 없다는 한계를 안고 있다. 성이 이성애 관계를 돈독하게 하기 위한 도구가 아니라 자녀 출산과 밀접하게 연관된 한국이나 일본과 같은 사회에서는 오히려 성애라고 하는 것이 훨씬 더 유연할 수 있다. 그러나 배타적 커플 관계가 중심인 서구에서는 동성애와 이성애의 경계도 훨씬 더 분명할 뿐만 아니라, 자신의 배타적 커플 관계가 다른 유대 관계보다 늘 우위를 차지하기 때문에 특별한 정치적 신념이 아닌 이상 여성끼리 자연스럽게 모일 일이 없다.

페미니즘은 정치화되지 않은 여성끼리의 모임은 결국 가부장적 사회 질서를 계속 유지하는 기제밖에 되지 않는다고 볼지 모르지만, 이미 남녀가 관계하는 방식이 다르게 자리 잡은 문화에서 반드시 서구식 모델을 따르려고 할 필요가 있을까 싶다. 한국의 대표적 페미니즘 소설에 포함되는 작품을 썼고 가톨릭 신자인 박완서와 공지영의 젠더와 종교 경험을 논문으로 쓰면서, 서구 학계에 자리 잡은 유교 페미니즘의 계보나 제3세계 페미니즘의 계보를 따르지 않고 이들이 개인으로서 기술하는 자기 경험에 초점을 맞추어 연구했다. 그럼에도 심사하는 교수님들은 이 여성들의 경험에서 모성 경험이 특별히 부각한다고 평가했다. 그중에 한 교수님은 한국 학생들이 자기에게 유교 문화에 대해서 많이 설명했지만, 이 논문을 읽고 비로소 여성들이 유교 문화를 경험하는 방식을 분명하게 이해할 수 있었다고 하셨다. 딱히 유교라는 틀에서 분석하지 않았음에도 받은 평가이다.

나는 이론적 틀에서 분석하기보다 이 여성들이 직접 쓴 글과 한 말을 사료 삼아 이들의 자기 서사를 재구성했는데, 결국 말과 글은 자기 문화와 불가분의 관계이기 때문에, 굳이 차이를 드러내려 하지 않아도 서로 다른 감성과 문화적 결을 보이게 된다. 페미니스트 정치의식이 투철한 사람들은 이 두 사람의 글이 충분히 페미니스트적이지 않다고 보겠지만, 페미니스트 의식이 적절히 들어가 있으면서도 대중적으로 널리 읽힌 소설을 쓴 이 사람들이 재현해 내는 한국 여성의 모습은, 유교의 젠더 질서를 옹호하지 않지만 그렇다고 페미니스트 투사도 아닌, 사랑받고 존중받고 싶어 하는 평범한 여성들이다. 다만 인간이라면 보편적으로 지닌 이 욕망을 표출하고 해결하는 맥락이 역사적·문화적으로 다를 뿐이다. 그 보편과 차이 중간의 어디쯤에 한국 여성들이 있다.

3 자기 서사를 구성하는 방법 1: 서사, 정체성, 공동체

내가 어떤 사람인가 하는 것은 많은 부분 자신이 어떤 사람들과 상관하느냐에 달려 있다. 그 사람이 사귀는 친구로 그 사람을 안다는 그러한 맥락에서가 아니라, 자기 이해는 자신을 다른 사람에게 설명하거나 소개하는 방식과 깊은 연관이 있고, 그러한 설명과 소개는 듣는 사람이 이해할 수 있는 언어로 설명이 되어야 비로소 자기라는 사람이 전달될 수 있다는 측면에서 그렇다. 앞에서 혈연관계인 가족도 그 구성원으로 제대로 인정받고 자리 잡기 위해서는 의도적 노력과 협상이 필요하다고 말했는데, 가족의 테두리를 벗어나 점점 더 넓고 다양한 집단과 만나면서 자기를 설명하는 방식은 살을 더해 가기도 하고 변형이 되기도 한다.

어려서 외국 생활을 한 나는 한 문화권에서만 계속 산 사람과는 다른 자기 서사 구성 과정을 거쳐야 했다. 처음 영국에 가서는 친구를 사귀고 그 집단의 인정을 받는 게 중요한 나이였던 만큼, 빠르게 그들 문화에 동화되려고 했다. 겨울에도 내복을 입지 않고 맨다리에 양말만 신고 교복 치마를 입었다. 쉬는 시간에 아이들이 먹는 간식을 보고 나도 그 과자를 먹기 시작했고, 그들이 읽는 책을 읽고, 그들의 말투를 따라 했다. 그들이 같은 백인들 사이에서도 무엇을 무시하는지를 파악하고 그러한 행동은 피했다. 그런 식으로 피부에서 금방 나타나는 나의 '다름'을 가능한 한 잊고 '같음'을 부각하려 했다. 그러다가 어쩔 수 없이 다름이 드러날 때는, 나는 너희와 같고 싶지만 부모님 때문에 그럴 수가 없다고 변명했다. 이것은 외국에서 자라는 자녀들의 전형적 전략이다. 동양에서 온 부모는 서구 방식에 익숙하지 않은, 그래서 서구화를 갈망하는 나를 방해하고 저해하는, 나와는 다른 존재로 재현된다. 그리고 조금 더 시간이 지나면, 자신에게 유리하게 자기 문화의 서사와 서구의 서사를 구사하는 방법을 터득하게 된다. 노천에서 장거리를 달리는 크로스컨트리 일정이 금요일에 잡히면, 나는 토요일에 한국 학교를 가야 해서 금요일에 무리할 수 없다는 쪽지를 부모에게 받아서 학교에 제출하고 하기 싫은 수업에 빠지는 요령도 생긴다. (물론 그 수업에 빠지는 학생이 나만은 아니었다. 천식 같은 건강상의 이유든 뭐든 부모가 우리 아이는 이 수업에 동참시키지 말라고 요청하면 빠질 수 있었다.) 모국어를 잊지 않는 게 중요하다고 생각하는 부모님의 방침에 따라 영국 애들이 쉬는 토요일에도 학교를 다니던 나는 (사실은 한국 친구들 만나러 놀러 가는 게 더 컸지만) 이제 자신의 다름을 완전히 거부하기만 하는 게 아니라 적절하게 조율하면서 자기 서사를 구성해 가는 법을 터득한 것이다.

물론 이러한 과정이 언제나 의식적이었던 것도 아니고 순조롭기만 했던 것도 아니다. 오히려 극심한 갈등의 결과인 경우가 많았다. 이미 영어가 유창하고 친구도 제법 사귄 후였는데도, 학교에서 간 어느 캠프에서, 지금은 기억나지도 않는 어떤 일로 밤에 대성통곡한 적이 있다. 선생들도 깜짝 놀라 누가 이 사태를 가져왔는지 찾아내면 아주 혼날 줄 알라며 엄포를 놓았다. 그렇게 한 번씩 영국 아이들 틈에서 부대끼는 게 뭐라고, 말도 못하게 서럽고 힘들 때가 있었다. 그러나 한국에 돌아와서는 더 힘들었다. 10대로 접어들면서 이전보다는 조금 더 복잡해진 성장 과제를 수행해야 했기에 자기 서사도 그만큼 시행착오가 많았다. 우선 같은 민족이어도 백인 못지않게 나를 괴롭힐 수 있다는 것, 그 와중에 나는 영국에서 살다 왔기 때문이라는 설명이 오히려 더 사태를 악화시킬 수도 있다는 것을 알고 그 사실을 적절하게 숨겨야 했다. 게다가 이제는 그냥 말 잘 듣는 아이 정도가 아니라 기독교인의 정체성도 중요하게 작용하던 시기라, 수녀였던 불어 선생님이 "혜원이 학생은 겸손해야 합니다"라고 하는 말도 그냥 넘길 수 없었다. 공부도 잘하고 여러모로 주목을 받으니 교만해지지 말라는 말씀이셨다. 한국 사회에서 부대끼는 게 쉽지 않은 상황에서 피해자로만 머물 수 있게 하지 못하고 어느 정도 가진 자의 입장을 돌아보게 하는 이 말이 긍정적 영향만 끼친 것은 아니었다. 내가 가진 것을 선한 일에 적극적으로 쓰게 하기보다는, 내 잘못도 아닌 일에 대해 괜히 미안해 하게 만들었기 때문이다.

대학에 진학하니 상황은 한층 더 복잡해졌다. 보츠와나에서 미국 학교 연구자들과 같이 왔으나 한국에서 온 사람이라는 이질감이 있었던 것처럼, 그때는 지방에서 올라왔지만 영국에서 살다 온 아이라는 이질감이 있었다. 계속해서 지방에서 자란 아이와는 다른 점이 있었지만, 그렇다고 내가 지방 출신이 아닌 것은 아니었다. 당시에는 아무래도 지방 출신이 운동권에 더 열심이었다. 자기가 살던 곳을 떠나왔으니 부모와 함께 사는 친구들보다는 움직임이 더 자유로웠을 뿐만 아니라, 새로운 곳에 정착하기 위해 새로운 집단과 사귀는 일에 더 적극적일 수밖에 없었기 때문이다. 하지만 이 운동권의 서사는 나와 맞지 않았다. 나와는 너무도 이질적인 이야기여서 그 안에서 나를 찾을 수가 없었고, 그 이야기로 나를 거듭나게 할 강력한 동기도 없었다.

대학교 2학년 하반기부터 적극적으로 다니기 시작한 교회는 이 모든 갈등을 봉합해 주었다. 기독교라는 종교의 강점 중 하나는 회심이라는 비교적 단순한 내러티브로 매우 다양한 인간을 품을 수 있다는 것이다. 예수님을 박해한 바울, 예수님을 부인한 베드로, 예수님의 임종을 지킨 여인들, 에디오피아의 내시, 비즈니스를 하던 루디아, 노예였던 오네시모 등 딱히 같이 앉아 밥을 먹을 일이 없을 사람들을 한 곳으로 모아 주는 것이 기독교의 회심 서사이다. 내가 이전에 어떠한 인생길을 걸었든, 그 길을 뒤로하고 예수님이 가는 길을 따르기로 결정했다는 그 이야기 하나로 서로 형제자매라고 부르는 게 기독교이다.

물론 이 안에 오래 있다 보면, 이 집단에 속한 사람들끼리 동질성이 형성되면서 이 집단에 속하지 않은 사람과는 다른 특징을 갖게 된다. 그리고 이 동질성을 구성하는 요소가 처음에 매우 이질적인 사람들을 품었을 때만큼 관대하지 않게 되기도 한다. 하지만 이 동질성이 늘 나쁘지만은 않다. 사람은 너무 많은 다양성은 감당할 수 없다. 물론 훈련에 의해, '커피'라는 단어 하나면 주문이 끝나던 것을, 다크 로스트로 할지 라이트 로스트로 할지, 컵은 어떤 크기에 할지, 차게 할지 뜨겁게 할지, 우유를 넣을지 말지, 넣으면 저지방으로 할지 무지방으로 할지, 아몬드 우유로 할지 두유로 할지, 시럽을 넣을지 말지 등을 정하는 정도의 수준으로 발전할 수는 있지만, 그것도 어느 정도까지이다. 너무 다양하면 오히려 길을 잃고 더 동질적인 것을 찾아다니게 된다. 동질감은 안정감이기도 하기 때문이다. 나만 그런 것이 아니라는 사실을 깨달을 때 우리는 얼마나 안도하는가. 그러나 변하는 게 사람이고 인생이라고, 이 동질적 이야기가 더는 맞지 않을 때가 찾아온다.

그럴 때 우리는 다른 이야기를 기웃거리기 시작한다. 나의 경우, 페미니즘 이야기를 기웃거리기 시작했다. 여자로 살아온 인생이니 거기에서 내 이야기들을 제법 찾을 수 있었다. 하지만 어떤 부분에서는 기독교 이야기와 화해할 수 없는 충돌이 일어나기도 했다. 그래도 어찌어찌 봉합하며 몇 년을 이어 갔다. 그런데 어찌 된 셈인지 내 인생은 그 정도 선의 봉합을 허용하지 않고 이거냐 저거냐의 기로에 서게 만들었다.

지금까지 기술한 내용에서 보듯이, 나의 서사는 어릴 적 좋은 친구 착한 딸에서 모범적 고등학생, 사회적 문제에 책임감을 느끼는 대학생, 그리스도의 모범을 따르는 그리스도인으로 진화해 가면서 내가 관여하는 세계의 외연을 넓혀 갔고, 그 넓어지는 세계에서 길을 잃지 않게 해 준 것이 그 이야기 안에서 내가 느끼는 소속감이었다. 이러한 소속감, 곧 어떤 이야기에서 나를 찾고 그 이야기가 내게 설득력이 있다는 것은 그것이 나의 정체성을 구성하는 이야기로서 적합하다는 뜻이다. 이 정체성은 단지 내가 어떤 사람인가 하는 부분만이 아니라, 그래서 내가 어떤 쓸모 있는 인간이 될 수 있는가 하는 과제도 동시에 해결해 준다. 피터슨이 인용한 제라드 맨리 홉킨스의 시에서 말하듯, 내가 누구이며 무엇을 위해 왔는지를 아는 것이 인간에게는 곧 존재 의미가 되기 때문에 이것을 아는 것이 매우 중요하다.

힐데 린드만 넬슨Hilde Lindemann Nelson은 《일그러진 정체성을 복구하는 서사*Damaged Identities, Narrative Repair*》라는 책에서 사회에서 정당하게 가치를 인정받지 못해 온 억압받은 집단의 사람들이 자신의 가치를 인정받고 사회에 긍정적으로 기여하는 도덕적 존재로서 행위성을 회복하기 위해서는 자신들을 주변화시킨 사회의 지배 서사master narrative에 저항하는 이야기counterstory를 만들어 내는 게 중요하다고 주장한다. 지배 서사란 한 사회의 구성원들이 자신의 경험을 이해할 수 있게 해 주는 공통 이야기이다. 앞에서 말한 것처럼, 기독교의 지배 서사인 회심 서사는 그 구성원들에게 자신과 상대의 경험을 이해하고 설명할 수 있는 공통 언어를 준다. 그런데 지금까지 사회가 공유한 이 지배 서사 가운데는 여성 혐오적인 서사도 있었다. 예를 들어, 여자가 직장에서 실수하면 "여자는 그저 집에서 살림이나 하고 애나 봐야지"라고 한다거나, 여성 운전자가 사고를 내면 "아줌마가 집에서 밥이나 하지 왜 나와서 길을 복잡하게 만드냐"는 등의 이야기는 여성의 인간성을 축소해 온 여성 혐오 서사의 여러 갈래이다. 페미니즘은 이러한 그릇된 여성 혐오 서사에 대항하는 이야기들을 많이 만들어 내었다. 우선 이것이 여성이 마땅히 들어야 하는 이야기가 아니라 여성 혐오의 서사라는 것을 밝혀낸 것 자체가 큰 성과였다. 또한 여성이 직장에서 일하는 방식이 남성과 어떻게, 왜 다른지 그 역사적·사회적 과정을 밝혀냄으로써, 생물학적 차이를 여성의 운명으로 만들어 온 지배 서사에 대항한 것도 성과였다.

이렇게 저항의 이야기를 만들어 갈 때 중요한 것은 우선 그 이야기가 설득력 있게 들려야 한다는 것이고, 이 이야기가 회자될 집단으로 택한 공동체로부터 정당성을 인정받아야 한다는 것이다. 페미니즘 이야기, 곧 여성이 제대로 인간 대접을 받지 못했다는 이야기는 18세기 무렵부터 세를 더하기 시작하여 지금까지 이어져 와서 충분한 설득력을 확보했고, 페미니스트라고 스스로를 정체화하는 사람들 사이에서 그 이야기의 다양한 버전이 회자되면서 이야기에 정당성을 부여하는 권위 있는 집단이 탄생하게 되었다. 그런데 시간이 지나면서 페미니스트의 이야기가 기존과는 조금 다른 방향의 다양한 버전으로 확장되었고, 그러자 그 집단 안에서 합의하지 못하는 이야기들이 생기기 시작했다. 그러면서 심정적으로는 페미니즘에 어느 정도 동조하지만 스스로 페미니스트라고 정체화하지 않는 사람들도 생기기 시작했다. 자기 버전의 페미니즘이 페미니즘의 인증을 받지 못하거나 심지어 비난까지 받을 경우, 이들은 자기 이야기가 공유될 수 있는 또 다른 집단을 찾아갈 수밖에 없다.

페미니즘 이야기 안에서의 소속감은 내가 구성하는 이야기가 페미니즘이 가는 방향과 계속 맞아 들어야 유지가 된다. 박완서와 공지영이 페미니스트 소설로 분류되는 글을 쓰고도 스스로를 페미니스트라고 하지 않은 이유는 페미니즘이 가는 방향에 계속 동조하며 갈 수 없었기 때문이다. 현재의 사회 구조가 여성에게 다 공평하지는 않지만, 페미니즘 이야기를 가장 상위 이야기로 삼기에는 무엇인가가 부족하다고 그들은 보았다. 물론, 반드시 페미니즘의 모든 내용에 동의해야 스스로를 페미니스트라고 칭할 수 있는 것은 아니다. 사람들은 다양한 이유로 스스로를 페미니스트라고 칭한다. 그러나 이 두 사람이 스스로를 그렇게 부르지 않기로 한 이유는 두 사람 모두 남녀는 본질적으로 다르다고 보았고, 페미니즘 운동을 하는 사람들이 너무 전투적이라고 느꼈기 때문이다.

남녀의 다름에 근거한 페미니즘의 부류가 없지 않은데도 한국 사회에서 그러한 페미니즘이 주류로 자리 잡지 못한 주된 이유는 이미 유교 문화가 남녀의 다름을 지나치게 강조하면서 여성을 차별해 왔기 때문이다. 우리에게 모성은 힘의 기반이기보다는 억압의 기반이었다. 아들을 둔 어머니만 힘을 가질 수 있었기 때문이다. 그럼에도 서로 다른 세대에 속하는 이 두 사람은 남녀는 본질적으로 다르다는 관점을 포기하지 않았다. 하지만 페미니즘을 표방하는 공동체가 이 이야기를 채택하지 않으면 이 이야기는 다른 공동체에서 회자될 수밖에 없다. 그래서 박완서는 휴머니즘을 표방하고 그 휴머니즘의 모델을 예수님에게서 찾았고, 공지영은 모든 이즘-ism을 버리고 초월적 신과의 소통에 집중했다. 이들은 기독교 이야기에서 자신을 발견했고, 자신들의 작품에 반드시 그것을 다 반영하지는 않아도 적어도 회심 전후에 글을 대하는 자세가 달라졌다고 고백한다.

마찬가지로, 나도 페미니즘 이야기 안에서 나의 서사를 구성해 가는 데 한계를 느꼈다. 페미니즘은 남성 중심성만 해체하면 모든 문제가 해결될 것처럼 말한다. 그래서 남성적 가치는 다 나쁘고 여성적 가치는 다 좋은 것처럼 단순화하는 면이 있다. 도로시 세어즈Dorothy Sayers는 아들에게 쓴 편지에서 사회주의자들은 노동자이면 다 천사라고 생각한다고 지적했는데, 페미니즘에도 그러한 면이 있다. 여성이 남성과 같은 비율로 사회의 모든 힘 있는 자리에 들어가기만 하면 세상 모든 문제가 해결될 것처럼 말한다. 하지만 세어즈와 마찬가지로, 나는 내가 죄인이라고 인정하는 데 별 어려움이 없다. 강자에게는 강자의 죄가 있고 약자에게는 약자의 죄가 있는데, 우리는 모두 누구에게는 강자이고 누구에게는 약자이다. 하지만 이를 인정하면서도 여성이 당하는 부당한 대우를 지적하고 개선해 나갈 방안을 페미니즘 안에서는 찾기가 힘들다. 가톨릭 교회의 문제를 지적하면서 여자들에게 안수를 주지 않아서 그렇다고 열을 내는 친구가 있었다. 수녀 중에도 성질이 못된 사람과 좋은 사람이 두루 섞여 있을 텐데, 정말로 이들이 단지 신부처럼 교회의 리더만 될 수 있으면 문제가 다 해결된단 말인가. 이렇게 반문하면, 아마도 아무 여자는 아니고 페미니스트 여성이 리더가 되어야 문제가 해결된다고 대답할 것이다. 그렇다면 결국 세상에서 가장 정의롭고 선한 사람은 페미니스트 여성이라는 말이 되는데, 이 정도의 도덕적 우월성을 가질 수 있다는 것 자체를 좀 의문시해야 하는 것 아닌가.

나에게 좋은 통찰을 제공해 준 많은 페미니스트 이론가에게 감사하고, 그들 덕분에 나의 사고가 더 클 수 있었다는 데 감사한다. 그러나 나의 이야기는 그 공동체의 이야기와 결국 만나지 않았다. 나는 페미니즘의 이름으로 싸워 본 적도 없고, 그들을 위해서 내가 봉사할 수 있는 것도 없다. 그러나 기독교 공동체의 여성들이 좀 더 자유롭고 충만하게 살아가는 데 도움이 될 수 있는 방향으로 페미니즘 연구를 계속 활용할 것이다. 이거냐 저거냐의 기로에서 오른 유학길을 마무리하면서, 나의 이야기를 계속 풀어 갈 수 있고 그 이야기가 의미 있게 기여할 수 있는 공동체는 페미니스트 공동체가 아니라 기독교 공동체라는 결론에 도달했기 때문이다. 그리고 아무래도 시작은 그 이야기의 언어를 알아보는 공동체에서 하는 게 적합하다는 결론에도 도달했다.

4

자기 서사를 구성하는 방법 2: 통제될 수 없는 서사

친구나 가족, 지인과 이야기하다 보면 같은 사건인데도 기억하는 방식이 사뭇 다른 것을 경험한 적이 있을 것이다. 박완서는 한국전쟁 경험이 글쓰기의 동기였고, 마지막까지도 전쟁의 상흔에서 벗어나지 못했다. 그는 공식적으로 회자되는 전쟁 이야기에 묻혀 버린 다른 경험들, 혹은 제대로 회자되지 못하고 잊힌 이야기들을 들려줘야겠다는 욕구에서 글을 썼는데, 그 이야기를 복원해 가는 자신의 기억에 처음에는 상당한 자신감이 있었다. 그러나 나중에 아는 친척들과 이야기하는 중에 같은 사건도 서로 기억이 다르다는 것을 알고 자신의 기억에 대한 확신을 어느 정도 접었다. 이렇게 다른 사람과의 대화를 통해서 내 기억이 절대적이지 않다는 것을 깨닫는 경우가 있는가 하면, 때로는 그러한 외부와의 접촉이 없어도 시간이 지나면서 내가 제대로 기억하고 있는 게 맞는지 문득 의심이 들 때가 있다.

한국에서는 제대로 정착하지 못한 장르인 평전 쓰기 방법 혹은 미시 역사 방법으로 논문을 쓰면서 이 방법에 대한 여러 연구서를 읽었는데, 평전을 쓰는 사람들은 어떤 사람의 진실에 다가갈 수 있다는 것에 다소 회의적이다. 우리는 흔히 내가 나에 대해서 쓴 글이 가장 진실에 가까울 것이라 생각하지만, 연구자 입장에서는 사실 그러한 글이 제일 먼저 의혹의 대상이 된다. 사람은 심지어 일기를 쓸 때도 거짓말을 하는 존재라서, 출판을 염두에 두고 쓴 글이라면 더더욱 그 내용에 건강한 의심을 품고 접근할 수밖에 없다. 그럼에도 당사자가 쓴 글에는 어느 정도 권위를 부여하는데, 그것이 그 사람에 대한 더 진실된 재현이어서가 아니라, 그러한 재현은 그 사람의 선택이고 그렇게 자기 삶을 영위하기로 택했다는 사실을 존중하기 때문이다. 남이 아무리 뭐라 해도 내 인생을 사는 것은 나이고 그래서 책임도 내 몫이기 때문에, 자기 서사에 대한 최종 권위가 당사자에게 있다고 인정하는 것이다.

하지만 이야기가 거기서 끝난다면 평전이라는 장르는

발전하지 못했을 것이다. 우리가 가끔 나도 나를 모르겠다고 할 때가 있는 것처럼, 과연 내가 나 자신에 대한 지식의 최종 권위자가 될 수 있는지 의심이 들 때가 있다. 그래서 주변 사람들이 나를 어떻게 보는지에 대해서, 직접 물어보기까지는 하지 않더라도 어느 정도 신경을 쓰게 된다. 나를 이해하는 데 다른 사람들의 해석을 참고하려는 것이다. 마찬가지로, 평전 작가도 평전의 주인공이 스스로 인식하거나 보지 못하는 면을 오히려 당사자가 아니기 때문에 볼 수 있다고 여기고, 평전 작가 자신의 관점에서 한 사람의 인생에 하나의 해석을 제시하려 한다.

누군가가 다른 사람의 인생에 대해서 이러한 글을 쓴다는 것은 그의 인생이 특별히 흥미롭거나 그가 사회적·역사적으로 비중 있는 인물이어서일 것이다. 누가 평전의 대상이 될 자격이 있는가 했을 때, 근대까지는 사회적·역사적으로 비중 있는 인물이라고 했지만, 후기 근대 사회로 들어서면서는 누구나 평전의 대상이 될 수 있는 자격을 얻었다. 그러나 사람의 속성이란 게 유명인의 사생활은 궁금해도 옆집 아줌마는 그다지 궁금해 하지 않는다. 옆집 아줌마는 그 사람을 아는 나 자신의 호기심의 대상이 될 수는 있어도, 그 사람에 대한 평전을 쓰려면 다른 사람들도 그에게 호기심을 가져야 하는 이유를 먼저 설득하고 들어가야 한다. 그렇기에 그러한 설득 과정이 필요 없는, 지명도 있는 사람들이 평전 대상이 되기 쉽다. 그러나 기존 권위에 대한 도전이 근대 사회 이후의 특성인 만큼 이들을 영웅으로 그리기 위해서 평전을 쓰는 것은 아니다. 오히려 그 사람을 다른 사람들과 같은 수준으로 내려놓기 위해서 쓰는 것이 근대 이후 평전 쓰기의 흐름이다. 말하자면, 그들의 인간적 면모를 드러내는 것이다. 이들은 시대를 초월한 사람이 아니라 시대 안에서 구성된 사람 중 하나일 뿐이다. 나아가서, 이제는 가치 중립적인 객관적 사실이란 존재할 수 없다고 보기 때문에 평전 작가 자신의 존재를 평전 안에 더 많이 부각한다. 이것은 하나의 해석이고, 그 해석은 나의 특정한 위치에서 나온다는 것을 밝히기 위해서이다. 그래서 평전은 평전 주인공의 이야기인 만큼 평전 작가 자신의 이야기이기도 한다. 1980년대 이후로 회고록과 자서전이 부쩍 증가한 이유도 이러한 흐름과 연관이 있다. 대상을 객관적으로 이해할 수 있다는 확신이 사라진 상황에서 할 수 있는 것은 결국 자기 고백뿐이기 때문이다. 그 고백조차도 확신에 찬 고백이기보다는, 하나의 소박한 견해가 되었다.

평전 작가들 사이에서 유명하게 회자되는 평전 작가

빅토리아 글렌디닝Victoria Glendinning은 《전기의 난제들*The Troubled Face of Biography*》에서 "당신 인생의 이야기는 당신에게 일어나는 일인가, 아니면 당신에게 일어나고 있다고 스스로가 느끼는 일인가, 아니면 남들이 당신 인생에서 일어나고 있다고 보는 일인가?"("거짓말과 침묵Lies and Silences")라고 말한다. 어떤 사건을 객관적으로 바라볼 수 있는 전지적 시점은 사실상 존재하지 않는다. 심지어 내게 일어나는 일도 내가 인식하는 방법으로 내게 다가올 뿐이다. 그래서 평전 작가는 자신이 묘사하는 사람의 인생에서 일어나는 일에 최대한 가까이 다가가기 위해서 그 사람이 스스로 묘사하는 것과 그의 주변 사람들이 묘사하는 것, 마지막으로 평전 작가 자신의 관점에서 보는 것을 두루 활용한다. 다시 말하면, 그 사람 인생에서 일어난 일을 복원하기 위해서 그 사람이 자기 인생에서 일어나고 있다고 느꼈던 일을 기록한 것과 남들이 그 사람 인생에 대해서 남긴 기록을 종합해서 자신이 보기에 가장 설득력 있는 버전으로 그의 인생을 복원한다. 그러나 이러한 작업은 평전 작가만이 아니라, 자기 인생을 이해하려는 사람 누구나 하는 작업이기도 하다. 다만 당사자가 자기 인생에 대해서 이 작업을 할 때는, 내게 일어나고 있다고 느끼는 일이 반드시 실제로 내게 일어나는 일이 아닐 수도 있다는—즉 내 해석이 절대적이지 않을 수 있다는—건강한 의심을 유지하기가 다소 힘들다. 자신에 대해서 객관적이기 힘들 뿐만 아니라, 자신을 적절하게 보호할 필요도 있기 때문이다.

피해 의식이 있거나 자기방어가 강한 사람은 자신이 느끼는 바가 곧 자기 인생 이야기라는 확신이 강하여 다른 사람의 관점은 잘 받아들이지 못한다. 하지만 반대로, 다른 사람의 관점을 다 받아들이고 마치 자기 관점은 없는 것처럼 행동하는 사람도 자기방어가 강한 사람이다. 자기 관점이 도전받을 여지를 주지 않기 때문이다. 그런데 서열 문화가 있는 사회에서는 이러한 자기방어를 자기방어로 이해하기보다는 서열에 따른 태도로 받아들이기도 한다. 나보다 연장자이거나 신분이 높은 사람의 견해는 그냥 받아들여야 한다는 문화가 있기 때문이다. 그러한 문화에서는 윗사람 생각에 도전하는 것은 곧 그 사람의 견해가 아닌 그 사람 자신에 대한 도전으로 받아들여진다. 즉 서열 질서를 깨는 행위가 되는 것이다. 그래서 남의 말을 듣지 않는 윗사람의 자기방어적 자세는 자기방어가 아닌 윗사람의 마땅한 태도가 되고, 자기 견해를 말하지 않는 아랫사람의 자기방어적 자세는 자기방어가 아닌 아랫사람의 마땅한 태도가 된다. 이러한 서열 문화가 집단주의 문화와 결합할 때, 윗사람의 견해가 맞는지 틀린지를 검증하는 객관적 기준이 제대로 작동하지 않는 부작용이 발생한다.

예를 들어, 하나님을 믿는 공동체의 객관적 기준은 하나님이다. 개신교는 누구나 예수님만 통하면 이 하나님과 대화할 수 있고, 이 하나님의 말씀을 해석할 수 있다고 믿는 종교이다. 하지만 서열 문화에서는 자유로운 의사 개진이 어렵기 때문에 제일 위에 있는 사람의 견해가 곧 하나님의 말씀이 되기 쉽다. 게다가, 집단주의 사회의 경우에 개인의 의견은 중요하지 않기 때문에 제일 위에 있는 사람의 견해는 더 힘이 있다. 서열 문화와 집단주의 문화가 다 있는 유교 문화권인 한국의 경우, 한 사람에게 힘이 몰리는 것을 견제하는 장치가 없지는 않다. 예를 들어, 임금이 어질지 못하면 백성은 그를 거부할 수 있다. 하지만 이러한 장치가 늘 제대로 작동한 것은 아니다. 아마도 이러한 서열 문화와 집단주의 문화에 유일신교의 배타주의가 더해지는 것이 유교와 기독교가 조합할 수 있는 여러 가능성 중에서 최악의 조합일 것이다. 즉 상위 서열에 있는 사람의 힘을 견제하는 방식으로 기독교가 영향을 미치지 않고, 상위 서열에 있는 사람의 힘에 하나님의 뜻까지 더해서 절대화하는 것이다. 그러나 감사하게도, 기독교가 작동시키는 개인의 영역 덕분에 이러한 일은 일어나지 않았다. 하나님을 믿는 사람은 상위 서열에 있는 사람이어도 자신을 하나님 앞에서 살펴야 한다는 과제가 있고, 그가 그 과제를 잘 지키든 못 지키든 그 과제를 공유하는 공동체의 시선으로부터 완전히 자유롭지 못하기 때문에 스스로 절대화할 수 없다. 혹 그렇게 스스로를 절대화한 사람이 있을 경우, 기독교 공동체는 그를 이단이라 규정한다.

이렇게 교회가 나름대로 민주적 구조를 갖출 수 있었던 이유는 한 개인이 아니라 성경에 최종 권위가 있다는 데 어느 정도 합의하기 때문이다. 게다가 요즘에는 목사님 말씀에만 의지하지 않고 성경 지식을 얻을 곳이 많아졌기 때문에, 오히려 배운 사람은 넘치되 그에 따르는 책임은 훈련받지 못해서 교회에 문제가 생기기도 한다. 지금은 서열 문화가 질서를 잡아 주던 시대를 지나 민주적 구조에 대한 욕망이 어느 때보다 커진 시대이다. 하지만 서열 문화를 대체할 다른 질서의 방법은 아직 제대로 생성되지 않은 채 그동안 억압받았다고 생각하는 집단들의 불만만 크게 불거지고 있는 것 같다. 이 불만이 어디에 안착해서 어떻게 답을 찾아야 하는지 방향을 잡지 못할수록 자기 이야기에 대한 집착도 더 커진다. 불만을 표출할 경로가 생겼으니, 인종차별이든 성차별이든 계급차별이든 연령차별이든, 그 이야기를 자기 이야기로 삼아서 오로지 내가 느끼는 내 이야기만이 맞다는 생각에 집착하게 되는 것이다. 이 말은 차별이 존재하지 않는다는 말이 아니라, 차별의 피해자로만 자신을 규정하는 것 역시 차별이 존재하지 않는 것처럼 구는 것만큼이나 편협한 이야기를 만들어 낸다는 말이다.

코스워크 때도 강의실 외에는 사람을 만날 일이 별로 없었지만, 코스워크가 끝나고 나니 더더욱 사람을 만날 일이 없었다. 흔히들 사람이 혼자 지내면 편협해지기 쉽고 다른 사람들과 자주 교류해야 시야가 넓어진다고 생각하는데, 내 경험상 그렇지만은 않다. 사람은 자기를 좋아하고 지지해 주는 사람과 자주 만나고 싶어 하는 성향이 있어서, 오히려 사람을 만나면서 편견이 수정되기보다 강화되기도 한다. 만약에 내가 무슨 속상한 일이 있을 때마다 불러 모을 친구가 있었거나 페이스북에 글을 올렸다면, 나는 피해자의 이야기를 더 오래 간직했을지도 모른다. 그러나 혼자 있는 시간이 워낙 많다 보니 나라는 인간으로부터 잠시 해방될 틈 없이 나라는 인간을 데리고 사는 게 과제가 되었다. 그러면서 나 자신이 관찰 대상이 되었다. 우선은 내가 어떨 때 우울해지고 무기력해지는지를 알아야 슬럼프에 빠지지 않고 꾸준히 연구를 이어 갈 수가 있었기 때문에, 실용적 차원에서도 자기 관찰은 필요할 수밖에 없었다. 사실 상담의 많은 부분이 이 작업을 돕는 일이다. 내 인생의 이야기라고 생각하는 것을 상담자라는 제3자에게 털어놓음으로써 내 이야기와 나 사이에 거리가 생기고, 그가 한 번씩 던지는 질문을 통해 나의 이야기를 제3자의 눈으로 관찰하게 된다. 2년 정도 상담을 받은 경험이 있었기 때문에 이러한 작업을 혼자서 계속 이어 나갈 수 있었는지도 모르겠다.

이러한 작업에 큐티가 반드시 도움이 되는 것은 아니다. 우리는 흔히 성경이 자신을 정직하게 들여다보게 한다고 생각하는데, 우리가 성경만큼 주관적으로 보는 게 없다. 게다가 역설적이게도, 큐티 훈련을 받은 경우에 오히려 그러한 경향이 더 두드러지기도 한다. 내가 주장하고픈 바의 근거 본문으로 성경의 권위를 빌려서 인용하는 것을 많이들 비판하는데, 사실 큐티의 구조 자체가 그것을 조장하는 면이 있다. (큐티 일기를 10년 넘게 성실하게 썼던 사람으로서 하는 말이다.) 성경은 내가 실천할 바를 날마다 지시하기 위해서 존재하는 책이 아니다. 하지만 그러한 쪽으로 적용을 권장하다 보면 결국 성경은 내 행위를 정당화해 주는 도구가 될 수밖에 없다. 내가 이런 행동을 택한 이유는 성경이 그렇게 하라고 했기 때문이라는 논리가 성립되기 때문이다. 따라서 나의 이야기를 제3자의 눈으로 관찰하게 도와주기는커녕, 오히려 성경을 빌려 내 이야기의 절대 권위를 주장하게 된다. 이럴 때는 오히려 성경을 잠시 멀리하는 편이 자기 이야기를 제3자의 눈으로 보는 데 도움이 된다.

그렇다면 성경은 무엇인가. 성경은 기독교 공동체의 공통 서사이자 언어로서, 나의 이야기가 의미 있게 기록될 수 있게 해 주는 큰 틀이다. 그 안에는 여러 이야기가 존재할 수 있는데, 그 이야기들 가운데 틀린 이야기wrong story는 없다. 하지만 피터슨이 말하는 것처럼, 시시한 이야기, 김빠진 이야기, 그러니까 시원찮은 이야기bad story는 있을 수 있다. 사람들은 뻔한 이야기나 평면적 이야기에는 별 흥미를 느끼지 못한다. 그리스도인이 사는 이야기가 그렇게 평면적이고 뻔한 이야기가 되면 사람들은 기독교에 매력을 느끼지 못한다. 그 이야기를 산다고 하는 나 자신도 재미가 없어진다. 정해진 답이 너무 뻔하게 보이기 때문이다. 반면에, 흥미진진하고 입체적인 이야기는 해석의 여지가 열린 이야기이다. 나 자신에게 과거에 일어났고 지금 일어나고 있는 일들이 정확히 무엇인지 나 자신도 다 포착하지 못할 수 있다. 그 일에 대한 나 자신의 해석도 시간이 지나면서 조금씩 달라지기도 한다. 가끔은 다른 사람들이 내게 일어나는 일을 보고 내리는 해석이 내 것보다 더 나을 수도 있다. 그 모든 것을 취합해서 최선을 다해서 자신의 이야기를 써 나가는 것이다. 하지만 내가 다 알지 못할 수도 있다는 건강한 의심의 영역, 혹은 신비의 영역을 늘 열어 놓고 써 나간다. 결말까지, 해석 방식 하나하나까지 다 내가 통제하려 할 필요가 없다. 기독교의 이야기 안에서 내 이야기를 발견했다는 사실이 그러한 여유와 안정감을 준다. 이것은 내가 혼자 사는 이야기도 아니고, 나 혼자 돋보여야 하는 이야기도 아니다. 다만 자신의 쓸모를 발견한 자리에서, 자신에게 보이는 만큼 성실하게 기술해 가면 된다.

사산 후에 깊이 깨달은 것이 한 가지 있다면, 죽음은 생각보다 가까이 있다는 것, 그러나 동시에 죽은 것과 산 것은 천지처럼 다르다는 것이었다. 만삭의 임부를 보고 배가 남산만큼 부르다는 표현을 쓰는데, 그 만삭 상태에서 아이가 죽고 몇 시간 동안 시체를 품었던 나의 배가 무덤의 봉분처럼 느껴지기도 했다. 내 경험으로 보아도, 여성들이 생명과 죽음을 이렇게 가까이에서 경험하기 때문에 더 종교적이라는 말이 맞는 것 같다. 그 후에 미국에서 생활하는 동안에도 죽음에 대해서 많이 생각했다. 우선은, 이 인생의 후반부가 그 아이의 죽음을 대가로 얻은 시간이었기 때문이다. 누군가의 희생으로 존재하는 인생은 자랑할 게 없다. 다만 그 희생이 헛되지 않기를 바라며 하루하루를 성실하게 보낼 뿐이다. 미국에 가서도 한동안은, 살릴 수 있었던 아이를 살리지 못한 것 같은 죄책감을 씻어 내지 못했다. 그러나 지나친 죄책감도 결국 자기 자신에 대한 자만이다. 기독교인들은 묘하게 의인 의식이 강한데, 아이의 희생으로 얻은 유학 생활을 통해 그러한 의식을 더러 털어 낼 수 있었다.

죽음에 대해서 많이 생각하게 된 두 번째 이유는 내 생활 환경이 내가 죽어 나가도 사나흘은 아무도 모를 것 같은 그런 환경이었기 때문이다. 같이 사는 사람이나 이웃이 없는 상황에서, 내가 수업에 한 번 빠지면 그냥 무슨 일이 있나 보다 할 것이고, 아무 연락 없이 두 번쯤 빠지면 혹시 누가 이상하다 눈치를 챌까 하는 생각들을 했다. 실제로 미국에서 혼자 사는 여성들은 가까운 친구에게 자기 집 열쇠를 맡기기도 한다고 한다. 내가 며칠 안 나타나거든 내게 무슨 일이 있는지도 모르니 집을 확인해 보라는 뜻에서이다. 누구의 간섭도 받지 않고 사는 생활의 자유에 따라오는 위험 요소이다.

미국을 떠나기 전해에, 그곳에서 만난 나보다 한 살 어린 친구가 갑자기 죽었다는 소식을 접했다. 같은 수업을 몇 개 들었는데, 코스워크가 끝나고는 학과 모임 때 몇 번 보고 그 후로 한동안 보지 못했었다. 그런데 어느 날 다른 친구에게서 문자가 왔다. 그 친구에게 폐렴 증세가 있었는데 자는 중에 의식불명이 되었고, 아침에 어머니가 시신으로 발견할 때까지 아무 손도 쓰지 못하고 집에서 죽었다고 했다. 외동인 이 딸과 모녀 관계가 유난히 돈독했던 어머니는 말할 수 없는 충격을 받았다. 이렇듯 출산 예정일이 코앞인 아이도 갑자기 죽을 수 있고, 내일 아침이면 볼 거라 생각한 딸도 갑자기 죽을 수 있다.

이처럼 아직 죽을 때가 되지 않았다고 생각하는 사람들의 죽음은 죽음이 생각보다 가까이 있다는 것을 일깨워 주지만, 동시에 나 자신의 살아 있음을 더 부각해 주기도 한다. 나는 왜 살았을까. 이것은 사고의 트라우마를 경험한 사람들의 공통된 반응이라고 한다. 상대는 죽고 나는 살았다는 인식만큼 삶과 죽음이 그토록 가까우면서도 멀게 느껴지는 순간이 없을 것이다. 그러나 산 사람은 살아야 한다고, 너무 오래 그 생각에 머무는 것 또한 바람직하지 않다. 거기에 빠져 있다 보면 핑계 넘치는 무덤들만 생길 것이기 때문이다. 망자를 위해서 우는 척하면서 사실은 나를 위해서 울 수도 있는 게 사람이다. 지금 나는 적어도 20년은, 사고가 나지 않는 한 죽지 않을 것이라고 막연하게 생각할 정도로 죽음과 거리를 두고 있다. 그럼에도 이렇게 한 번씩 죽음을 돌아보는 것은 유익하다고 생각한다. 이야기의 결말에 서서 뒤를 돌아보게 해 주기 때문이다. 작가들은 마감의 중요성을 안다. 끝내야 하는 시점이 있어야 비로소 글도 써지기 때문이다. 마찬가지로 내 이야기에 끝이 있다는 것을 알 때, 이 이야기를 어떻게 끌고 가고 싶은지 좀 더 명료하게 생각할 수 있다. 물론 내가 결말을 통제할 수도 없고, 이야기가 생각대로 풀리지 않을 변수는 많다. 그럼에도 끝이라는 것은 여러 한계와 변수 가운데서 그래도 내가 챙기고 싶은 것, 챙길 수 있는 것이 무엇인지 생각하게 해 준다. 그리고 그것들을 챙기기 위해서 지금부터 해야 할 일이 무엇인지도 생각하게 해 준다. 기독교가 이 끝을 '안식'이라고 표현한 것은 참 절묘하다는 생각이 든다. 탈고하면 후련한 기분이다. 내 이야기가 끝날 때도 그렇게 후련했으면 좋겠다.

에필로그

세상을 이해하는 즐거움

논문을 마무리할 때쯤, 다음 행선지로 일본을 택했다. 이유는 생각보다 단순했다. 젠더 격차 지표에서 한국과 나란히 거의 꼴찌에 가까운 순위를 하고 있었기 때문이다. 경제 성장 정도에 비해서 이렇게 여성의 지위가 낮은 경우는 다소 드문 사례로서, 학자들의 관심을 끌었다. 나 또한 궁금했다. 동아시아에 서로 인접해 있지만, 일본에 대해서는 전혀 관심이 없었다. 기독교에서부터 페미니즘에 이르기까지 나의 연구는 전부 서구 편향이었다. 그러나 한국 여성에 대한 논문을 쓰면서 서구 사회에서 재현되는 아시아 여성에 대해서 더 민감해졌고, 우리보다 일찍 직접 서구를 상대한 일본 여성들의 경험이 궁금해졌다. 그래서 논문으로 쓴 박완서나 공지영과 비교할 만한 일본 가톨릭 여성 작가들을 연구하기로 하고 이곳으로 왔다.

  이제 이곳에 온 지 대략 1년이 지났다. 처음 접하는 나라와 언어와 문화이니만큼 새로 배워야 할 것이 많다. 나는 이곳에서 다시 한 번 소속이 불분명한 상태로 지내고 있다. 영어는 미국인처럼 하지만—미국에서 살면서 어릴 때 익힌 영국 영어 억양이 사라져 버렸다—일어는 못 하는 한국인. 이곳도 한국만큼 인종에 유연하지 않은 지역이라 나는 범주화가 잘 되지 못한다. 얼마 전, 미국에서부터 알던 한국계 미국인 한 분이 일본을 방문해서 만났다. 그분이 택시를 잡으면서 어떤 일본인의 도움을 받았는데, 전화로 택시를 불러 주면서 그 기사한테 한국인인데 영어는 하고 일어는 못 한다고 설명하는 것을 들었다고 한다. 그 표현이 무척 흥미로웠다. 그분과 그 이야기를 자세히 하지는 않았지만, 몇십 년째 미국 여권을 들고 다닌 한국계 미국인으로서 이러한 구분을 듣는 기분이 어땠을까 싶다. 일찍부터 세계화에 문을 활짝 연 한국과 달리 이제야 영어 붐이 일고 있는 이 나라에 살면서 흥미로운 점을 많이 발견한다. 이 나이에 새 언어를 배우는 게 쉽지는 않지만, 일어를 배우면서 오히려 한국어의 특징이 더 잘 보이기도 한다.

이곳에서도 나의 생활은 단순하다. 아침에는 근처 카페에서 커피나 차를 마시면서 글을 쓰거나 번역을 하고, 이른 점심을 먹고 연구실로 갔다가 저녁 무렵 숙소로 돌아온다. 주말에는 근처 쇼핑몰에서 책 구경도 하고 군것질도 한다. 일어 수업을 받기 시작하면서부터는 정기적으로 만나는 선생이 생겼고, 선생을 구하는 과정에서 다른 좋은 사람들도 알게 되어 가끔 같이 음악회도 가고 차도 마신다. 미국에서 살 때보다는 조금 더 정서적인 생활을 하는 편이다. 여기에 와서 생긴 습관은 엽서 쓰는 것이다. 여기는 아직 편지 쓰는 문화가 있어서 문구점에 가면 예쁜 편지지나 엽서가 많다. 여행 다니면서 사 놓은 것들이 쌓이기에 하나둘씩 꺼내 간단하게 몇 마디 써서 우편으로 부치기 시작했다. 우체국이 늘 다니는 길목에 있어서 가능한 일이기도 하다. 이곳에서의 생활과 연구가 쌓이면 언젠가 그것도 책으로 낼 수 있으면 좋겠다.

지금도 미래는 보이지 않는다. 다만 박사 공부를 통해서 배운 연구 방법으로 세상을 이해해 가는 데서 즐거움을 느낄 뿐이다. 世の中, 세상, 참 흥미롭다.

2018년 가을, 일본 나고야에서

교회 언니의 페미니즘 수업

양혜원 지음

2018년 11월 19일 초판 1쇄 발행

펴낸이 김도완	**펴낸곳** 비아토르
등록 제406-2017-000014호(2017년 2월 1일)	**주소** 경기도 파주시 문발로 197 102호 (우편번호 10881)
전화 031-955-3183	**팩스** 031-955-3187
전자우편 viator@homoviator.co.kr	
편집 이지혜	**디자인** 임현주
제작 제이오	**인쇄** 민언프린텍
제본 정문바인텍	
ISBN 979-11-88255-20-7 03230	**저작권자** ⓒ 양혜원, 2018

이 도서의 국립중앙도서관 출판예정도서목록(CIP)은 서지정보유통지원시스템 홈페이지(http://seoji.nl.go.kr)와 공동목록시스템(http://www.nl.go.kr/kolisnet)에서 이용하실 수 있습니다.(CIP제어번호: CIP2018036303)